RECLAM-BIBLIOTHEK

Totgesagte leben länger: Die Philosophie hat seit ihren Anfängen vor mehr als zweieinhalbtausend Jahren nichts von ihrer Faszination eingebüßt – so oft sie auch abgeschrieben, für überflüssig erklärt oder unter Kuratel gestellt wurde. Seit Sokrates ist ihre zentrale Botschaft unüberhörbar: Überlasse das Denken nicht anderen, habe Mut, dich deines eigenen Kopfes zu bedienen!
Die in diesem Band versammelten Texte gelten den großen Themen der abendländischen Philosophie, dem Wahren, dem Guten, dem Schönen oder den Utopien. Annemarie Pieper kommentiert diese Gedanken pointiert, verknüpft sie zu einem »Spinnennetz« der Ideen und Weltbilder und lädt so ein, Lust am Selberdenken zu gewinnen.

Annemarie Pieper, geboren 1941 in Düsseldorf. Seit 1981 ordentliche Professorin für Philosophie an der Universität Basel. Zahlreiche Buchpublikationen.

Annemarie Pieper

Selber denken

Anstiftung zum Philosophieren

RECLAM VERLAG LEIPZIG

ISBN 3-379-01585-7

© Reclam Verlag Leipzig 1997

Reclam-Bibliothek Band 1585
1. Auflage, 1997
Reihengestaltung: Hans Peter Willberg
Umschlaggestaltung: Matthias Gubig
Gesetzt aus Meridien
Satz: Satz Repro Grafik, Leipzig
Druck und Bindung: Ebner Ulm
Printed in Germany

Inhaltsverzeichnis

Vorwort

Die Philosophie hat seit ihren Anfängen um 600 vor Christus nichts an Faszinationskraft eingebüßt, so oft sie auch totgesagt, für überflüssig erklärt oder unter Kuratel gestellt wurde. Dies hat zweifellos etwas mit der Unbestechlichkeit zu tun, die einem klaren Kopf zugeschrieben wird, dessen Fähigkeit zu kritischer Distanz Durchblick, Weitblick und Überblick ermöglicht. So abgehoben und damit entweder weltfremd oder abgeklärt die professionelle Nachdenklichkeit der Philosophen vielen auch vorkommt, sosehr wird doch die Botschaft begrüßt, die seit SOKRATES in der Geschichte der Philosophie unüberhörbar ist: das Denken nicht den anderen zu überlassen, sondern selber zu denken. Man muß nicht akademischer Philosoph sein, um seine Urteilskraft zu schulen. Verstandesgaben und Erfahrung ermöglichen es jedem Menschen zu philosophieren. Wie erschöpfend von dieser Fähigkeit heutzutage öffentlich Gebrauch gemacht wird, kann unschwer an all den Geschäfts-, Unternehmens- und Verkaufsphilosophien abgelesen werden, mit denen in neosophistischer Manier um das Vertrauen einer auf das Ideal wirtschaftlicher Rationalität eingeschworenen Öffentlichkeit geworben wird.

Die in diesem Band um große Themen der abendländischen Philosophie versammelten Texte sollen zu einem anderen Philosophieren verführen, das die Lust am Denken und an der denkenden Sinnerzeugung fördern will, indem es hier einen losen Faden aufgreift und weiterspinnt, dort ein ganzes Netzwerk von Gedanken entfaltet, in der Absicht, zum Mit-, Nach- und Selberdenken anzuregen und sich dabei auf die eigene Kompetenz zu besinnen, den Dingen zwanglos auf den Grund zu gehen. Wenn es auch nur Aspekte sind, die mehr oder weniger repräsentativ aus der Geschichte der Philosophie und ihren Systementwürfen herausgegriffen werden, so entsteht dabei doch ein Eindruck von der Vielfalt eines über zweieinhalb Jahrtausende hinweg geführten Diskurses, der nicht zuletzt von den Einsprüchen und Widersprüchen lebt, deren Spannung die grundsätzliche Fragwürdigkeit des Daseins immer wieder neu aufbrechen läßt.

Die Metapher des *Spinnens*, die der Gliederung des Buches zugrunde gelegt wurde, soll daran erinnern, daß Philosophieren keine bloß intellektuelle Gedankenakrobatik ist, die sich ausschließlich auf einer abstrakt-begrifflichen Ebene abspielt, sondern viele bildhafte Elemente enthält, da die Einbildungskraft stets darum bemüht ist, einen Zusammenhang zwischen dem Allgemeinen des Begriffs und dem Besonderen der auf sinnlicher Wahrnehmung beruhenden Erfahrung herzustellen, um ein ganzheitliches Begreifen mittels des Verstandes *und* der Sinne zu ermöglichen. Das Bild der Spinne, die ein kunstvolles Gebilde aus sich heraus produziert, in welchem sich ihre Beute verfängt, scheint eine treffende Analogie zum philosophierenden Einfangen der Wirklichkeit in den Netzen der Vernunft zu sein, wobei sich das alltägliche vom professionellen Philosophieren dadurch unterscheidet, daß die Spinne sich nicht direkt im Netzwerk der Lebenswelt betätigt, sondern am Faden abseilt, um aus der Distanz die Netzstruktur und die Beute zu beobachten – sei es, weil sie wissen will, wie beides beschaffen ist, sei es, weil sie das Netz engmaschiger knüpfen will, sei es, weil sie Freude an der Schönheit von Gespinst und Eingesponnenem empfindet. Mit den philosophischen Weltbildern ändert sich auch das jeweilige Selbstbild. Während die antike Spinne das ihr vorgegebene kosmische Ganze mit ihren Fäden überzieht und sich über dieser gewaltigen Anstrengung restlos verausgabt, spinnt sich die neuzeitliche Spinne vollständig ein und entfaltet ihren Kokon als Inbegriff von Welt. In der Postmoderne schließlich bleibt nur noch ein zentrumloses Netz ohne Spinne übrig, da die Spinne im Netz auf- bzw. untergegangen ist.

1. Versponnene Müßiggänger: die Philosophen

> *Es ist nichts so fein gesponnen, daß es nicht kommt ans Licht der Sonnen.*
>
> (Sprichwort)

Wie das Wort Philosophie ist auch die damit bezeichnete Tätigkeit griechischen Ursprungs. Wer philosophiert, ist ein Liebhaber des Wissens (philein = gern haben; sophia = Wissen). Zum Philosophieren braucht man wie für andere Liebhabereien Zeit, freie Zeit, die nicht für körperliche Arbeit zur Bestreitung des Lebensunterhalts benötigt wird. Solange die Menschen ihre ganze Kraft für die Sicherung der Existenz einsetzen mußten, mangelte es ihnen an Zeit, um sich ihren Gedanken hinzugeben. Was sie zum Überleben wissen mußten, vermittelte ihnen die Erfahrung. Vielleicht, daß sie in ihren Träumen gelegentlich Ausflüge über die engen Grenzen ihrer Lebenswelt hinaus unternahmen und Vorstellungen von einem übergreifenden Sinn ausbildeten, doch hätten sie damit an etwas gestreift, das für ihren Alltag, in dem es um das Überleben ging, keinerlei Nutzen besaß.

Erst mit dem Aufkommen größerer, arbeitsteiliger Gruppen, in denen jeder mehr produzierte, als für die Befriedigung seiner elementaren Bedürfnisse erforderlich war, und den Überschuß gegen Dinge eintauschte, die er nicht selber herstellte, entstanden für den einzelnen kleine Freiräume, in denen er untätig sein durfte und sich Beschäftigungen hingeben konnte, die nicht unmittelbar zweckgebunden waren.

Je differenzierter die menschlichen Gemeinschaften wurden und je effizienter sich die Arbeitsprozesse gestalteten, desto mehr erwirtschafteten die Individuen an freier Zeit, bis sie es sich schließlich leisten konnten, einen eigenen Stand ganz von der körperlichen Arbeit zu befreien.

ARISTOTELES bezeichnet die der Arbeit abgerungene freie Zeit, die die Voraussetzung ist für Wissenschaft und Kunst, als Muße.

> Bei dem Fortschritt in der Erfindung von Künsten, teils für die notwendigen Bedürfnisse, teils für die (bessere) Lebensführung, halten wir die letzteren immer für weiser als die ersteren, weil ihr Wissen nicht auf den Nutzen gerichtet ist. Als [...] alles derartige geordnet war, wurden die Wissenschaften gefunden, die sich weder auf die notwendigen Bedürfnisse noch auf das Angenehme des Lebens beziehen, und zwar zuerst in den Gegenden, wo man Muße hatte. Deshalb bildeten sich zuerst in Ägypten die mathematischen Künste heraus, weil dort dem Stand der Priester Muße gewährt wurde. (*Metaphysik:* I,1; 981b)

Die Priester und nach ihnen die Philosophen waren somit die ersten professionellen Müßiggänger, die Zeit hatten, über Gott und die Welt nachzudenken, die Natur zu beobachten, die Bahnen der Gestirne zu verfolgen und anhand ihrer Beobachtungen Berechnungen anzustellen, Schlüsse zu ziehen, Zusammenhänge herzustellen. Die als Muße qualifizierte Tätigkeit genügt ganz sich selbst; sie wird nicht um eines Zweckes, sondern um ihrer selbst willen ausgeübt. Daher ist sie, wie ARISTOTELES bekundet, eine lustvolle, Freude und Genugtuung bereitende Beschäftigung.

> Die Muße scheint Lust und Glückseligkeit und das selige Leben in sich selbst zu haben. Darum gehört dies nicht zu den Arbeitenden, sondern jenen, die Muße haben. Denn der Arbeitende arbeitet wegen eines Zieles, das noch nicht erreicht ist, die Glückseligkeit ist aber selbst Ziel und [...] mit Lust verbunden. (*Politik:* VIII, 3; 1338a)

Diese Lust macht selbst ein extremes Schicksal erträglich und lebenswert, wie ALBERT CAMUS es an jenem Unterweltarbeiter veranschaulicht, der sich bis zur völligen Erschöpfung verausgabt, um ›über die Runden zu kommen‹, und sich schließlich seiner ausweglosen Lage bewußt wird.

Mythen sind dazu da, von der Phantasie belebt zu werden. So sehen wir nur, wie ein angespannter Körper sich anstrengt, den gewaltigen Stein fortzubewegen, ihn hinaufzuwälzen und mit ihm wieder und wieder einen Abhang zu erklimmen; wir sehen das verzerrte Gesicht, die Wange, die sich an den Stein schmiegt, sehen, wie eine Schulter sich gegen den erdbedeckten Kloß legt, wie ein Fuß ihn stemmt und der Arm die Bewegung aufnimmt, wir erleben die ganze menschliche Selbstsicherheit zweier erd-beschmutzter Hände. Schließlich ist nach dieser langen Anstren-gung [...] das Ziel erreicht. Und nun sieht Sisyphos, wie der Stein im Nu in jene Tiefe rollt, aus der er ihn wieder auf den Gipfel wälzen muß. Er geht in die Ebene hinunter. [...] Diese Stunde, die gleichsam ein Aufatmen ist und ebenso zuverlässig wiederkehrt wie sein Unheil, ist die Stunde des Bewußtseins. (*Mythos:* 99)

Was geht in Sisyphos vor während des Abstiegs, der ihn zu seiner Fron zurückführt? Er denkt über sein Schicksal nach und über den Nutzen eines Lebens, dem die Götter jegliche Erfüllung versagt haben. Er wird zum Philoso-phen, der die Sinnfrage stellt. CAMUS sagt ausdrücklich, wir müßten uns Sisyphos als einen glücklichen Menschen vorstellen. (Ebd. 101) Er hat sich gleichsam durch Philo-sophieren als seinem Schicksal überlegen erwiesen, indem er der an sich sinnlosen Tätigkeit des Steinewälzens seine Vorstellung eines gelingenden und damit sinnerfüllten Lebens aufzwingt, in welchem ein Mensch das ihm Mög-liche getan hat, um selbst in seinen gescheiterten Bemü-hungen noch Herr seiner selbst zu sein.

ARISTOTELES beschreibt die durch Muße privilegierte Lebensform des Philosophen als *Theoria*, als denkende Be-trachtung dessen, was ist und was gilt. (Vgl. NE; X) Sie stellt für ihn die höchste Form menschlicher Praxis dar, weil sie der Seinsweise des Gottes, der sich in ewiger Selbst-umkreisung als reine geistige, sich selbst schlechthin erfül-lende Energie tätigt, am ähnlichsten ist. Diese Annäherung des Menschen an den göttlichen Selbstvollzug durch eine sich selbst transparente Geistigkeit mag GEORG WILHELM FRIEDRICH HEGEL zu der Feststellung inspiriert haben:

12

Philosophie hat keinen anderen Gegenstand als Gott und ist so wesentlich rationelle Theologie und als im Dienste der Wahrheit fortdauernder Gottesdienst. (*Ästhetik:* Werke 13, 139)

Den Anstoß zum Philosophieren gibt mithin der Gott, dessen vollkommene Kreisbewegung die Gestirne am Uranos aufnehmen und damit den Menschen ein sichtbares Abbild liefern für ein Denken, das von sich selbst ausgeht und in sich zurückkehrt. Dieser Anblick riß noch IMMANUEL KANT zu einer für ihn ungewöhnlichen Gefühlsäußerung hin:

Zwei Dinge erfüllen das Gemüt mit immer neuer und zunehmender Bewunderung und Ehrfurcht, je öfter und anhaltender sich das Nachdenken damit beschäftigt: der bestirnte Himmel über mir und das moralische Gesetz in mir. (*KpV:* AA 5, 153)

Damit knüpft KANT an SOKRATES an, der den Ursprung der Philosophie im Staunen sah, in der Verwunderung über die verwirrende Vielfalt des kosmischen Geschehens und der darin eingebundenen Menschen. Wer sich verwundert, fühlt sich überwältigt von etwas, das sich seiner Kenntnis entzieht. Er weiß nicht, wie es sich damit verhält, möchte es aber wissen, und zwar auf eine Weise wissen, die das Gewußte mit einem Gewißheitsfaktor versieht. SOKRATES bekannte, daß er nichts wisse, aber das wußte er sicher – ein gutes Fundament, um den Fraglichkeiten des Lebens auf den Grund zu gehen.

Philosophischer Müßiggang ist anstrengend, denn eigentümlicherweise kann man den Dingen nur auf den Grund gehen, indem man ihre Prinzipien, d. h. ihre Ursprünge nicht in ihnen selber, sondern im menschlichen Bewußtsein sucht. Was etwas ist, können wir nur wissen, wenn wir zugleich die Möglichkeiten und Grenzen des Verstandes ausloten, der die Bedingungen unseres Wissenkönnens enthält. Das Nachdenken darüber, wie wir wissen und wie wir *etwas* wissen, erfordert eine gewisse akrobatische Geschicklichkeit: Man muß klettern können und andere zum Klettern verführen. So sagt LUDWIG WITTGENSTEIN:

Meine Sätze erläutern dadurch, daß sie der, welcher mich versteht, am Ende als unsinnig erkennt, wenn er durch sie – auf ihnen – über sie hinausgestiegen ist. (Er muß sozusagen die Leiter wegwerfen, nachdem er auf ihr hinaufgestiegen ist.) (*Tractatus:* 115)

Was aber macht man, nachdem die Leiter weggeworfen wurde? Die Antwort findet sich bei FRIEDRICH NIETZSCHE:

Und wenn dir nunmehr alle Leitern fehlen, so mußt du verstehen, noch auf deinen eigenen Kopf zu steigen: wie wolltest du anders aufwärts steigen? (*Z:* KSA 4, 194)

Philosophieren setzt also voraus, daß man mit beiden Füßen fest auf dem eigenen Kopf zu stehen vermag, eine Fähigkeit, die KANT kurz und bündig in drei Regeln zusammenfaßte:

1) *Selbst* denken. 2) Sich (in der Mitteilung mit Menschen) an die Stelle jedes *anderen* zu denken. 3) Jederzeit *mit sich selbst einstimmig* zu denken. (*Anthropologie:* AA 7, 228)

Selbstdenken und Anleitung zum Selbstdenken – darin besteht die Aufgabe derer, die philosophieren. Wer gelernt hat, ohne fremde Hilfe auf seinem eigenen Kopf zu stehen, genießt von dieser erhöhten Warte aus nicht nur eine unverstellte Aussicht auf alles, worauf der Blick sich richtet, sondern gewinnt auch eine Einsicht in diese besondere Plattform, von welcher aus die Welt sich zunächst aus meiner besonderen, einzigartigen und unverwechselbaren Perspektive als je meine erschließt, bevor ein genaueres Zusehen mir enthüllt, daß es immer auch schon die Augen der anderen sind, mit denen ich die Welt wahrnehme. Es gilt also, auch die eingeschliffenen Wahrnehmungsmuster und Denkgewohnheiten kritisch zu überprüfen, inwieweit sie Vorurteile und Ideologien begünstigen, bevor die Philosophie an ihren Anfang gelangt, von wo aus sie ihren Blick ungetrübt auf das Wesen der Dinge richten kann.

Müßiggang ist aller Laster Anfang? Als Laster der Philosophen galt vielfach ihre Verstiegenheit. Der Vorwurf, sie zögen sich in den Elfenbeinturm zurück und kümmerten sich nicht um die alltäglichen Probleme und öffentlichen Angelegenheiten, wurde schon früh erhoben. So erinnert SOKRATES daran, wie es dem THALES ergangen sei,

> ... als er, um die Sterne zu betrachten, den Blick nach oben gerichtet, in den Brunnen fiel. Eine artige und witzige thrakische Magd soll ihn verspottet haben, daß er, was im Himmel wäre, wohl strebte zu erfahren, was aber vor ihm läge und zu seinen Füßen, ihm unbekannt bliebe. Mit diesem nämlichen Spott nun reicht man noch immer aus gegen alle, welche in der Philosophie leben. Denn in der Tat, ein solcher weiß nichts von seinem Nächsten und Nachbarn, nicht nur nicht, was er betreibt, sondern kaum, ob er ein Mensch ist oder etwa irgendein anderes Geschöpf. Was aber der Mensch ist und was einer solchen Natur ziemt anderes als alle anderen zu tun und zu leiden, das untersucht er und läßt es sich Mühe kosten, es zu erforschen. (PLATON, *Theaitetos:* 174a–b)

Andererseits ist der Abstand, die Distanz zu den Dingen die Voraussetzung, unter der sich Möglichkeiten einer Lösung der Probleme abzeichnen. Daher fordert FICHTE in einem ersten Schritt zur Konzentration auf sich selbst auf:

> Merke auf dich selbst kehre deinen Blick von allem, was dich umgibt, ab, und in dein Inneres; ist die erste Forderung, welche die Philosophie an ihren Lehrling tut. Es ist von nichts, was außer dir ist, die Rede, sondern lediglich von dir selbst. (*Darstellung:* 5)

Die Muße, die das Philosophieren in Gang setzt, kann zwar in den Solipsismus als eine Art gelehrte Nabelschau ausarten, aber selbst dies wäre mit einer Tätigkeit verbunden, die Hegel als die »Anstrengung des Begriffs« (*Phänomenologie:* Werke 3, 56) bezeichnete. Diese begriffliche Durchdringung alles Fraglichen schafft erst den Raum, um eben auch Problemlösungsstrategien zu entwerfen, die die Philosophie seit jeher in theoretischer, praktischer und ästhetischer Absicht entwickelt hat.

> Philosophie ist ihre Zeit in Gedanken erfaßt. (HEGEL, *Philosophie des Rechts*: Werke 7, 12)

> Wenn nicht entweder die Philosophen Könige werden in den Staaten oder die jetzt so genannten Könige und Machthaber echt und hinreichend philosophieren werden, und die politische Macht und die Philosophie in eine zusammenfällt, [...] wird es kein Ende haben mit dem Elend für die Staaten und auch nicht für das menschliche Geschlecht. (PLATON, *Politeia*: 473c–e)

> *Philosophie als Liebe zur Weisheit.* Hinauf zu dem Weisen als dem Beglücktesten, Mächtigsten, der *alles Werden* rechtfertigt und wieder will, – nicht Liebe zu den Menschen oder zu Göttern, oder zur Wahrheit, sondern *Liebe zu einem Zustand, einem geistigen und sinnlichen Vollendungs-Gefühl:* ein Bejahen und Gutheißen aus einem überströmenden Gefühle von gestaltender Macht. [...] nur als *ästhetisches Phänomen* ist die Welt ewig *gerechtfertigt.* (NIETZSCHE, *Nachlaß*: KSA 11, 133; *Geburt*: KSA 1, 47)

Auch wenn KARL MARX meinte: »Die Philosophen haben die Welt nur verschieden *interpretiert*, es kömmt drauf an, sie zu *verändern*« (*Feuerbach-Thesen*: MEW 3, 7), erschöpft sich die philosophische Aufgabe nicht in der Konzentration auf die praktisch-politische Praxis. Ihr Thema sind die großen Sinnfragen, die sich erst stellen, wenn man, wie HERMANN KRINGS dies ausdrückt, den Horizont des natürlichen Denkens überschreitet:

> Dieser Überschritt manifestiert sich in neuen Fragen: Wo kommen die Dinge und die Welt letztlich her? Was sind sie im Ganzen? Worin besteht ihr Sein? Was ist der Mensch? Was ist der Sinn des Daseins und der Sinn der Welt überhaupt? Was ist ihr Ende? Dieser einzigartige Überschritt – das Überschreiten des Seienden im Ganzen – begründet die Philosophie. [...] Der Philosoph schafft dem Seienden, um treffende Bildworte Heideggers zu gebrauchen, »das Haus«; er verhält sich zu ihm wie der

»Hirt zur Herde«. Im philosophischen Denken vollzieht sich jeweils Kosmogonie, nicht im physischen, sondern im metaphysischen Sinn. [...] Der Philosoph ändert nicht das einzelne Seiende als solches; er bewahrt es auch nicht. Im einzelnen ist er wirkungslos. Trotzdem verändert er die Welt. So wie es der Sinn des natürlichen Denkens ist, das einzelne des Seienden oder einzelne Seinsbereiche zu erkennen und zu ihrer Ordnung und Vollkommenheit zu bringen, so ist der Sinn des philosophischen Denkens die Vollkommenheit und der Friede des Ganzen. (*Meditation des Denkens:* 33, 74)

KRINGS knüpft damit an das metaphysische Anliegen der ersten Philosophen an. Philosophie galt in der Antike als die Wissenschaft schlechthin, als eine Grundlagenwissenschaft, die für die übrigen Wissenschaften die Prinzipien und Methoden bereitstellt, vermittels derer ein System geordneter Erkenntnisse gewährleistet werden soll. Bis in die Neuzeit hinein blieb die Philosophie die »Königin der Wissenschaften« – ein Rang, der ihr gelegentlich von der Theologie streitig gemacht wurde, die es gern gesehen hätte, wenn sich die Philosophie mit der Rolle einer Magd der Theologie begnügt und die Ansprüche der Vernunft demütig denen des Glaubens untergeordnet hätte.

Seit ARISTOTELES wird die Philosophie intern nach Disziplinen untergliedert, die entweder zur theoretischen, zur praktischen oder zur poietischen Philosophie gezählt wurden. Die bedeutendste Disziplin der theoretischen Philosophie ist die Metaphysik als die Lehre vom Seienden insgesamt, d. h. von allem, was *ist*. Die Metaphysik ihrerseits zerfällt in allgemeine und besondere Metaphysik. Erstere heißt Ontologie und erörtert die Ursachen, Gründe, Prinzipien des Seienden. Letztere umfaßt Theologie (Lehre von Gott), Kosmologie (Lehre von der Natur/Physik) und Psychologie (Lehre von den beseelten Lebewesen). Weiterhin sind Logik (Lehre von den Aussageformen, vom korrekten Argumentieren und richtigen Schließen) und Mathematik (Lehre von den Zahlen und Axiomen) theoretische Disziplinen.

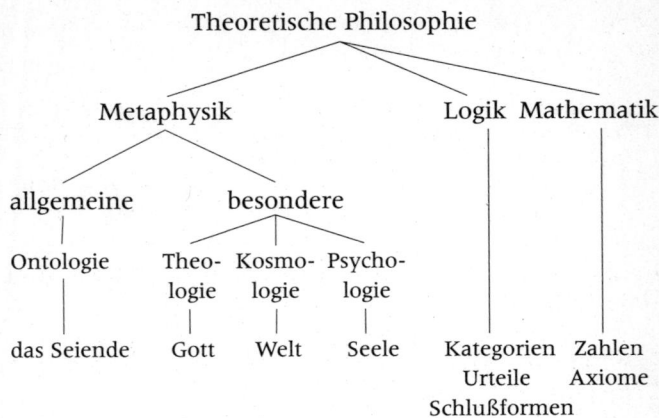

Theoretische Philosophie

Metaphysik — Logik Mathematik

allgemeine — besondere

Ontologie — Theo-logie · Kosmo-logie · Psycho-logie

das Seiende — Gott · Welt · Seele — Kategorien Zahlen · Urteile Axiome · Schlußformen

Zur praktischen Philosophie gehören Ethik (Lehre vom guten Handeln und Leben), Politik (Lehre vom gerechten Staat und von legitimer Herrschaft) und Ökonomik (Lehre vom wirtschaftlichen Handeln).

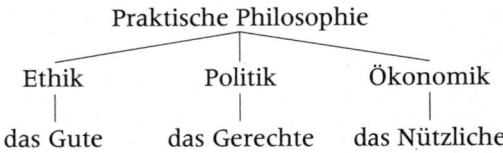

Praktische Philosophie

Ethik — Politik — Ökonomik

das Gute — das Gerechte — das Nützliche

Die poietische Philosophie umfaßt die Ästhetik (Lehre von den Kunstprodukten), die Poetik (Lehre von der Dichtkunst) und die Rhetorik (Lehre von der Redekunst).

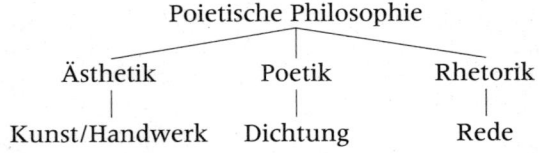

Poietische Philosophie

Ästhetik — Poetik — Rhetorik

Kunst/Handwerk — Dichtung — Rede

RENÉ DESCARTES hat den gesamten Bereich der Philosophie durch ein plakatives Bild, das zugleich auch den inneren Zusammenhang zwischen den Disziplinen aufzeigt, veranschaulicht.

> Die gesamte Philosophie ist also einem Baume vergleichbar, dessen Wurzel die Metaphysik, dessen Stamm die Physik und dessen Zweige alle übrigen Wissenschaften sind, die sich auf drei hauptsächliche zurückführen lassen, nämlich auf die Medizin, die Mechanik und die Ethik. (*Brief an Picot:* Prinzipien. XLII)

In neuerer Zeit haben sich noch weitere, speziellere Disziplinen herausgebildet, darunter
— die Anthropologie (Lehre vom Menschen),
— die Erkenntnistheorie/Epistemologie (Lehre von den Bedingungen begründeten Wissens),
— die Geschichtsphilosophie (Lehre von den Methoden der Geschichtsschreibung),
— die Kulturphilosophie (Lehre von der Entwicklung menschlicher Lebensformen),
— die Rechts- und Sozialphilosophie (Lehre von den gemeinschaftsbildenden Regeln menschlicher Interaktion),
— die Sprachphilosophie (Lehre von den Kommunikationsformen)
— und die Wissenschaftstheorie (Lehre von der Gegenständlichkeit und Methodologie der Einzelwissenschaften).
Quer zu den philosophischen Disziplinen und unabhängig von den unterschiedlichen Erkenntnisinteressen steht das Ziel des Philosophierens: selber denken. KANT hat dies beispielhaft zum Ausdruck gebracht:

> *Philosophia (doctrina sapientiae)* ist nicht eine Kunst von dem was aus dem Menschen zu machen ist sondern was er aus sich selbst machen soll <*sapere aude*> Versuche dich Deiner eigenen Vernunft zu Deinen wahren absoluten Zwecken zu bedienen. – Dazu wird keine Wissenschaft *(scientia)* erfordert. Die Lehre des obersten Zweks (Gebot) weiß jeder. (*Opus postumum:* AA 21, 117)

Wer selber denkt, ist aufgeklärt und sieht die Dinge im hellen Licht der Vernunft. Entsprechend charakterisiert KARL JASPERS seine Philosophie als »Existenzerhellung«:

... die Philosophie als Weltorientierung, die an den Grenzen des Wißbaren in die Schwebe bringt –, als Existenzerhellung, die in der Bewegung des Denkens an Freiheit appelliert –, als Metaphysik, die die Transzendenz beschwört; dann die Philosophie als das Medium grenzenloser Kommunikation in der philosophischen Logik, die den Sinn von Wahrheit in allen Weisen des Umgreifenden zeigt; schließlich die Vergegenwärtigung unseres Zeitalters, seiner Ausweglosigkeiten und Möglichkeiten und Aufgaben. (*Wagnis der Freiheit*: 184)

Schon der 19jährige FRIEDRICH WILHELM JOSEPH SCHELLING hatte konstatiert:

Die höchste Würde der Philosophie besteht gerade darin, daß sie alles von der menschlichen *Freiheit* erwartet. (*Philosophische Briefe*: SW I, 306; AA I, 3; 74)

Der Mensch ist demnach der erste und vorzüglichste Gegenstand der Philosophie, denn alles, was ist und gilt, ist und gilt nur *für* den Menschen als erkennendes und handelndes Wesen. Es gibt keinen außermenschlichen, bewußtseinsunabhängigen Standpunkt, von dem aus die Dinge in ihrem Ansichsein erfaßt werden könnten. Daher hat KANT die vier Grundfragen der Philosophie in die folgende Anordnung gebracht:

Das Feld der Philosophie [...] läßt sich auf folgende Fragen bringen: 1) Was kann ich wissen? – 2) Was soll ich tun? 3) Was darf ich hoffen? 4) Was ist der Mensch? Die erste Frage beantwortet die *Metaphysik*, die zweite die *Moral*, die dritte die *Religion*, und die vierte die *Anthropologie*. Im Grunde könnte man aber alles dieses zur Anthropologie rechnen, weil sich die ersten drei Fragen auf die letzte beziehen. (*Logik*: AA IX, 25)

2. Die Spinne im Netz: der Mensch

*Betracht ichs recht, so gleicht die Hand des Menschen,
wenn sie die Finger ausreckt, einer Spinne – ein Griff –
sie hält – und läßt nicht wieder los.*

(E. WILDENBRUCH, *Die Karolinger*: 68)

Die Frage ›Was ist der Mensch?‹ konnte erst im Zustand der Muße aufkommen, denn solange der Mensch mit allen Sinnen nach außen gerichtet war, bekam er sich selbst gar nicht in den Blick, außer daß er die Mitmenschen als Teil seiner Außenwelt miterfaßte. Die reflektierte Rückwendung auf sich selbst setzte die Möglichkeit der Ausblendung der Außenwelt voraus, und diese Möglichkeit bot die Muße.

Kaum begann der Mensch, über sich selbst nachzudenken, setzte er sich in das Zentrum des Universums. Der Sophist PROTAGORAS behauptete in seinem berühmten Homo-mensura-Satz,

der Mensch sei das Maß aller Dinge, der seienden, daß sie sind, der nichtseienden, daß sie nicht sind. (PLATON, *Theaitetos*: 152a)

Das ptolemäische Weltbild beruhte entsprechend auf der Annahme, daß die Sonne um die Erde kreist, weil eine andere Sicht der Dinge nicht vorstellbar schien, vor allem nicht im Christentum, das die Welt als göttliche Schöpfung und im Menschen das Ebenbild Gottes verehrte. Durch das heliozentrische Weltsystem des NIKOLAUS KOPERNIKUS wurde mit der Erde auch der Mensch aus dem Mittelpunkt vertrieben und an den Rand des Weltalls gedrängt. Doch wundersamerweise gelang es KANT in seiner berühmten ›Kopernikanischen Wende‹ (*KrV*: B XVI f.), dem aus der kosmischen Mitte verstoßenen Menschen ein neues Zentrum zu verschaffen, indem er die menschliche Vernunft als jene unhintergehbare Instanz aufwies, ohne die nichts das ist, was es ist. Nur unter Zugrundelegung eines sich selbst wissenden Ich kann etwas als etwas gewußt werden. Die vom Verstand erzeugten kategorialen Begriffe bilden das Netzwerk, in welchem die Welt wieder eingefangen und allererst in ihrer Gesetzmäßigkeit strukturiert wird. Was sich dem kategorialen Zugriff und damit den prägenden Formen des menschlichen Erkenntnisvermögens entzieht, das existiert nicht – jedenfalls nicht für ein reflektierendes Bewußtsein, das sich die Dinge gemäß *seinen* Bedingungen einverleibt.

Die Frage, was den Menschen zum Menschen macht, worin sein Wesen besteht, hat beinahe ebensoviele Antworten gefunden, wie es Philosophen gibt. Die gängigsten Definitionen grenzen das Lebewesen *(animal)* Mensch gegen andere Lebewesen durch das Merkmal der Rationalität ab: Der Mensch ist ein *animal rationale*, ein vernünftiges Wesen, und dies im Unterschied zum Tier, das sich nicht denkend und sprechend, sondern mittels seiner Instinkte in der Welt orientiert. Auch der Ausdruck *homo sapiens* kennzeichnet den Menschen als ein wissendes, um sich wissendes und sich durch Weisheit auszeichnendes Wesen. Aber dieses Wissen ist nicht angeboren, sondern muß erworben werden, denn von Natur aus ist der Mensch ein Mängelwesen, wie ARNOLD GEHLEN konstatiert:

Morphologisch ist nämlich der Mensch im Gegensatz zu allen höheren Säugern hauptsächlich durch *Mängel* bestimmt, die jeweils im exakt biologischen Sinne als Unangepaßtheiten, Unspezialisiertheiten, als Primitivismen, d. h. als Unentwickeltes zu bezeichnen sind: also wesentlich negativ. Es fehlt das Haarkleid und damit der natürliche Witterungsschutz; es fehlen natürliche Angriffsorgane, aber auch eine zur Flucht geeignete Körperbildung; der Mensch wird von den meisten Tieren an Schärfe der Sinne übertroffen, er hat einen geradezu lebensgefährlichen Mangel an echten Instinkten, und er unterliegt während der ganzen Säuglings- und Kinderzeit einer ganz unvergleichlich langfristigen Schutzbedürftigkeit. *(Der Mensch:* 33)

Diese unbestreitbaren Nachteile, die die naturale Ausstattung für den Menschen mit sich bringt, werden jedoch dadurch kompensiert, daß das menschliche Lebewesen eben jene Fähigkeit des Wissens auszubilden vermag, die es ihm erlaubt, seine Probleme rational zu bewältigen. Die Fähigkeit, zu denken und zu sprechen und nach Einsicht zu handeln, wird durch die in der Gemeinschaft stattfindenden Kommunikations- und Interaktionsprozesse aktiviert. Ohne menschliche Gemeinschaft wäre der Mensch nicht nur nicht überlebensfähig, sondern allenfalls Tier unter Tieren, wie das Beispiel des sogenannten ›Wolfsjungen‹ oder anderer, unter Tieren aufgewachsener Kinder zeigt. So hielt bereits ARISTOTELES fest:

> Die Polis ist die aus mehreren Dorfgemeinden gebildete vollkommene Gesellschaft, die gleichsam das Ziel der Autarkie erreicht hat, die um des Lebens willen entstanden ist und um des vollkommenen Lebens willen besteht. [...] Hieraus erhellt also, daß die Polis zu den von Natur bestehenden Dingen gehört und der Mensch von Natur ein politisches Wesen ist. (*Politik:* I, 2; 1252 b26–1253 a3)

Der Mensch ist seiner Natur nach ein *zoon politikon*, ein Wesen, das nur in der Gemeinschaft und durch die Gemeinschaft zum Menschen wird. Denn er bedarf der Erziehung, um seine Anlagen zu entwickeln und ein rechtschaffener Bürger der Polis zu werden, der das seine dazu beiträgt, daß die Mitglieder der Gemeinschaft ein gutes Leben führen können. KANT ging sogar so weit zu sagen:

> Der Mensch braucht Wartung und Bildung. Bildung begreift unter sich Zucht und Unterweisung. Diese braucht, soviel man weiß, kein Tier. [..] Der Mensch kann nur Mensch werden durch Erziehung. Er ist nichts, als was die Erziehung aus ihm macht. Es ist zu bemerken, daß der Mensch nur durch Menschen erzogen wird, durch Menschen, die ebenfalls erzogen sind. Daher macht auch Mangel an Disziplin und Unterweisung bei einigen Menschen sie wieder zu schlechten Erziehern ihrer Zöglinge. Wenn einmal ein Wesen höherer Art sich unserer Erziehung annähme, so würde man doch sehen, was aus

dem Menschen werden könne. [...] Gute Erziehung gerade ist das, woraus alles Gute in der Welt entspringt. Die Keime, die im Menschen liegen, müssen nur immer mehr entwickelt werden. Denn die Gründe zum Bösen findet man nicht in den Naturanlagen des Menschen. Das ist nur die Ursache des Bösen, daß die Natur nicht unter Regeln gebracht wird. Im Menschen liegen nur Keime zum Guten. (*Pädagogik:* AA 9, 443, 448)

Die Natur muß unter Regeln gebracht werden, da wie KANT bemerkt, der Mensch »aus so krummem Holze« gemacht sei (*Idee zu einer allgemeinen Geschichte:* AA 8, 23), daß er nur durch disziplinarische Maßnahmen dazu gebracht werden kann, sich zu einem geraden und aufrechten Wesen zu entwickeln, d.h. sich »durch Kunst und Wissenschaft zu kultivieren, zu zivilisieren und zu moralisieren«. (*Anthropologie:* AA 7, 324)

Erziehung bedeutet demnach nicht Abrichtung, sondern Hinführung zur Mündigkeit und damit zur selbstbestimmten Freiheit. Seit jeher streiten sich jedoch die Deterministen und die Indeterministen darum, ob der Mensch überhaupt als ein freies und moralisches Wesen begriffen werden kann. Ist er nicht durch seine Natur bereits vollständig festgelegt, so daß seine vermeintlich freien Entscheidungen letztlich nur Äußerungen der in ihm und für ihn handelnden Natur sind? BENEDICTUS DE SPINOZA sagt:

> ... der Mensch, ob Weiser oder Tor, ist ein Teil der Natur; und alles, was den einzelnen zum Handeln treibt, muß zur Macht der Natur gerechnet werden, insofern diese nämlich als die Natur dieses oder jenes Menschen bestimmt werden kann. Denn der Mensch, mag er unter der Herrschaft der Vernunft oder der bloßen Begierde stehen, handelt stets nach den Gesetzen und Regeln der Natur. (*Vom Staate:* 61)

Nun scheint dieser Determinismus dadurch gemildert, daß SPINOZA ergänzend hinzufügt: »die Macht der Natur ist Gottes Macht selber« (*Theologisch-politischer Traktat:* 232), aber selbst wenn sich der Mensch nicht auf den Modus eines Spielballs der Natur reduziert sieht, fühlt er sich als Marionette Gottes dennoch ebenfalls seiner Freiheit beraubt. Die französischen Materialisten haben aus der empirischen Verhaftetheit des Menschen an seine Natur die Konsequenz gezogen, daß er nichts weiter als hochorganisierte Materie ist, die in ihren Bewegungsabläufen mechanistischen Gesetzen gehorcht. Entsprechend hat JULIEN OFFRAY DE LA METTRIE vom Menschen als einer Maschine gesprochen:

> Der Körper des Menschen ist eine Maschine, die ihre Triebfedern selbst spannt, ein lebendiger Inbegriff der ewigen Bewegung. (*Der Mensch als Maschine:* 26)

Auch bei GOTTFRIED WILHELM LEIBNIZ ist die Rede von Lebewesen als Maschinen, die allerdings den von Menschen gemachten Maschinen weit überlegen seien:

> So ist jeder organische Körper eines Lebewesens eine Art von göttlicher Maschine oder natürlichem Automaten, der alle künstlichen Automaten unendlich übertrifft. Denn eine durch Maschinenkunst gebaute Maschine ist nicht auch Maschine in jedem ihrer Teile. So hat z.B. der Zahn eines Messingrades Teile oder Stücke, die für uns nichts Kunstvolles mehr sind und die nichts mehr von der Maschine merken lassen, zu deren Betrieb das Rad bestimmt war. Aber die Maschinen der Natur, d.h. die lebendigen Körper, sind noch in ihren kleinsten Teilen, bis ins Unendliche hinein, Maschinen. Eben darin besteht der Unterschied zwischen Natur und Kunst, d.h. zwischen der göttlichen Kunstfertigkeit und der unsrigen. (*Monadologie:* § 64)

Was die Maschine Mensch antreibt, ist laut PAUL HENRY THIRY D'HOLBACH die Selbstliebe, die die Menschen auf das Glück programmiert und sie unausweichlich nach Lust streben läßt.

> Der Grund für die Irrtümer, in die der Mensch verfallen ist, als er sich selbst betrachtete, liegt [...] darin, daß er glaubte, er setze sich selbst in Bewegung und wirke immer durch seine eigene Energie; daß er glaubte, er sei in seinem Wirken und im Willen, der die Triebfeder des Wirkens ist, von den allgemei-

nen Gesetzen der Natur und der Gegenstände unabhängig, die diese Natur oft ohne sein Wissen und immer ohne seinen Willen auf ihn wirken läßt: hätte er sich aufmerksam beobachtet, so hätte er erkannt, daß alle seine Bewegungen nichts weniger als spontan sind; er hätte gefunden, daß seine Entstehung von Ursachen abhängt, die völlig außerhalb seiner Macht liegen; daß er ohne seine Einwilligung in das System kommt, in dem er geboren wird, bis zu demjenigen, in dem er stirbt, fortwährend durch Ursachen modifiziert wird, die ohne seinen Willen Einfluß auf seine Maschine ausüben, seine Seinsweise modifizieren und sein Verhalten bestimmen. (*System der Natur:* 70f.)

Die moderne Verhaltensforschung und die noch junge Soziobiologie vertreten ebenfalls – gestützt auf die Evolutionstheorie – die These, daß der Mensch determiniert ist, und zwar durch die Stammesgeschichte, in deren Verlauf sich die Denk- und Handlungsmuster herausgebildet haben, von denen abzuweichen nicht möglich sei. So räumt der amerikanische Behaviorist BURRHUS FREDERIC SKINNER radikal mit der Vorstellung des autonomen Menschen auf, indem er sie als Fiktion deklariert:

Was im Begriff ist, abgeschafft zu werden, ist der ›autonome Mensch‹ – der innere Mensch, der Homunkulus, der besitzergreifende Dämon, der Mensch, der von der Literatur der Freiheit und der Würde verteidigt wird. Seine Abschaffung ist seit langem überfällig. [...] Die Wissenschaft entmenschlicht den Menschen nicht, sie ›dehomunkulisiert‹ ihn. (*Jenseits von Freiheit und Würde:* 205)

Der dehomunkulisierte Mensch wird dann nach Skinner einer Verhaltenstechnologie unterworfen, die auf der Basis wissenschaftlicher Analysen der menschlichen Natur Verstärkungs- und Kontrollmechanismen bereitstellt, mittels welcher eine »intentionale genetische Planung« (ebd. 213) vorangetrieben werden kann, deren Ziel die Herstellung einer Umwelt ist, in welcher die mutierte Spezies Mensch überleben und gut leben kann: jenseits von Freiheit und Würde.

Was haben die Vertreter des Freiheitsprinzips, die weitaus in der Überzahl sind, dem Determinismus entgegenzusetzen? Können sie angesichts wissenschaftlich gesicherter empirischer Befunde von Physiologen und Biologen überhaupt noch einen Raum für Freiheit ausfindig machen? Entscheidend für ihre Argumente ist der Status, den sie Begriffen wie Freiheit, Würde, Moralität zuerkennen: Es handelt sich dabei nicht um empirisch-deskriptive, sondern um normative Begriffe, die ein Sollen beinhalten und sich daher nicht auf Eigenschaften beziehen, die am Menschen antreffbar sind. Auch wenn der Mensch faktisch durch seine naturale bzw. genetische Ausstattung determiniert ist, besagt dies nicht, daß er nicht frei sein *soll*.

Der Mensch kann jedoch nur verstehen, daß er etwas soll, wenn vorausgesetzt wird, daß er mehr ist als nur Körper, denn eine Sollensforderung, der er gar nicht Folge leisten könnte, weil seine Maschine eine solche nicht in ihrem Programm hat, wäre sinnlos. Dieses ›Mehr‹, das der Mensch außer Körper ist, wurde traditionell als Seele bezeichnet. Der Mensch ist ein Leib-Seele-Wesen. Aber nun ergeben sich neue Probleme. (1) Wie lassen sich Leib und Seele unabhängig voneinander bestimmen? Was ist der Leib, bzw. worin bestehen die körperlichen Funktionen; was ist Seele, bzw. wie äußern sich ihre geistigen Fähigkeiten? Wie existiert der Leib, wie die Seele? (2) Sind Leib und Seele gleichrangig? Falls nein, wie ließe sich ein Rangunterschied begründen? (3) Wenn im Menschen Leib und Seele zusammen existieren, wie verhalten sie sich dort zueinander? Wirkt der Leib auf die Seele oder die Seele auf den Leib ein? Besteht eine Wechselbeziehung?

Die Seele wurde von den großen Denkern der Vergangenheit entweder als ein materielles oder als ein immaterielles Gebilde aufgefaßt. Im ersten Fall wird sie als etwas Stoffliches, Substantielles gedacht und fällt wie alles übrige Seiende unter den Oberbegriff Körper. Die Differenz zwischen Leib und Seele besteht dann darin, daß zwischen gröberen und feineren Körpern (wie Wind, Hauch, Luft, Feuer, Atom) unterschieden wird. Entsprechend läßt sich das Verhältnis zwischen Leib und Seele als eine Beziehung zwischen Körpern vorstellen, d. h. als ein kausalmechanischer Zusammenhang. ARISTOTELES berichtet über die alten Naturphilosophen aus der vorsokratischen Zeit:

> Einige meinten, die Seele sei Feuer, denn dieses sei das feinteiligste und das unkörperlichste der Elemente; außerdem bewegt es sich und bewegt in ursprünglicher Weise die anderen Elemente. Demokrit hat sich aber genauer ausgedrückt und gezeigt, aus welchem Grund jede dieser beiden Eigenschaften der Seele zukomme; denn er sagt, Seele und Geist seien dasselbe, und dieses Selbe bestehe aus den ersten unteilbaren Körpern und sei beweglich durch deren Kleinteiligkeit und Form. Er sagt, die beweglichste der Formen sei die Kugelform; in dieser Weise seien also der Geist und das Feuer beschaffen.
> (*Fragmente der Vorsokratiker:* DK A2)

Hier wird schon deutlich, daß die Seele, obzwar auf feinste Weise stofflich, eine gewisse Unzerstörbarkeit besitzt, da sie nicht zusammengesetzt, sondern einfach ist und als Bewegungsprinzip in zusammengesetzten (und somit vergänglichen) Körpern fungiert.

Erst die Annahme, daß die Seele ein völlig unstoffliches, geistiges Wesen ist, macht das Leib-Seele-Verhältnis zu einem Problem. Wie kann etwas Unkörperliches eine körperliche Wirkung hervorrufen und umgekehrt? Die PYTHAGOREER dachten die Beziehung von Leib und Seele in Analogie zu mathematischen bzw. geometrischen Verhältnissen als ein geordnetes, harmonisches Ganzes. Wie das Prinzip eines Dreiecks etwas an sich gänzlich Unsinnliches, ein reines Gedankenkonstrukt ist, das gleichwohl in einem gezeichneten Dreieck eine sinnliche Gestalt annehmen kann, so kann man sich auch die Seele gleichsam als Organisationsprinzip eines Leibes vorstellen. (*Fragmente der Vorsokratiker:* DK 44 A 23; DK 44 B 6; DK 58 B 41)

Die weitaus meisten Philosophen haben zwischen Leib und Seele eine strenge Zäsur gesetzt und das Problem der Einheit beider hierarchisch gelöst, indem sie der Seele als dem Sitz der Vernunft den höheren Rang zuerkannten und ihr den Leib unterordneten. Eine pythagoreische Lehre aufgreifend, beschreibt SOKRATES den Leib als das Grab der Seele (soma = sema; *Phaidon:* 62b). Eingekerkert in einen materiellen Körper, hat sie größte Mühe, sich mit ihren Forderungen nach reiner Erkenntnis und tugendhaftem Verhalten gegen dessen auf materielle Erfüllung ausgerichtete Bestrebungen durchzusetzen. Wie das Höhlengleichnis (*Politeia:* 514a–519d) eindrücklich zeigt, sitzen die Menschen tief unten in einer Höhle und lassen sich gänzlich von Schatten gefangennehmen, die von hinter ihrem Rücken vor einem Feuer bewegten Gegenständen auf eine Felswand geworfen werden. Dieser überdimensionale Bildschirm beeinflußt ihr gesamtes Denken und Handeln so sehr, daß sie nicht bereit sind, den Kopf umzudrehen, um festzustellen, daß sie Opfer eines gigantischen Betrugs sind, der ihnen ein Weltbild vorgaukelt, in welchem sie als autonome Wesen vorkommen, während sie de facto durch und durch manipuliert sind. Diese leichte Drehung des Kopfes, die den Halsstarrigen so schwer fällt, ist es jedoch, die eine völlig neue Perspektive eröffnet und eine Wirklichkeit erahnen läßt, wie sie sein sollte und wie sie sein könnte, wenn es den Menschen gelingt, sich von den Fesseln ihrer Vorurteile und Ideologien zu befreien.

So steht auch die Seele unter dem Diktat des Leibes und bleibt als bloße Befehlsempfängerin und Erfüllungsgehilfin bei der Befriedigung sinnlicher Begierden hinter ihren Möglichkeiten zurück. Um ihrer eigenen Fähigkeiten ansichtig zu werden, muß sie sich vom Leib abwenden und in sich selbst zurückziehen, um sich mit dem aus ihrer Sicht allein Wahren und Guten zu beschäftigen. SOKRATES beschreibt diese philosophische Abkehr von allem Materiellen als ein dem Leibe Absterben:

Nämlich diejenigen, die sich auf rechte Art mit der Philosophie befassen, mögen wohl, ohne daß es freilich die andern merken, nach gar nichts anderm streben als nur zu sterben und tot zu sein. [...] ob wir wohl glauben, daß der Tod etwas sei? [...] Und wohl etwas andres als die Trennung der Seele vom Leibe? Und daß das heiße tot sein, wenn abgesondert von der Seele der

Leib für sich allein ist und auch die Seele abgesondert von dem Leibe für sich allein ist? [...] Und wird nicht das eben die Reinigung sein, [...] daß man die Seele möglichst vom Leibe absondere und sie gewöhne, sich von allen Seiten her aus dem Leibe für sich zu sammeln und zusammenzuziehen und soviel als möglich, sowohl gegenwärtig wie hernach, für sich allein zu bestehen, befreit wie von Banden von dem Leibe? (*Phaidon:* 64a–c; 67c–d)

Nur ein von aller Empirie gereinigtes (abstraktes = abgezogenes) Denken vermag die Wahrheit zu erfassen, so wie nur ein von allen Begierden und Gelüsten befreites Handeln das Gute hervorbringt.

Wenn wahres Menschsein für SOKRATES darin besteht, sich von allem Stofflich-Materiellen soweit wie möglich fernzuhalten, um sich auf das Geistige zu konzentrieren und Zugang zu jener Welt zu suchen, in der die Seele ursprünglich zu Hause ist – die Welt der Ideen als Inbegriff des zeitlos Gültigen –, dann sinken die leiblichen Bedürfnisse und Funktionen zu etwas an sich selber Wertlosem, ja Verächtlichem herab, dem nur insoweit eine Bedeutung zuerkannt wird, als die Menschen in ihrem hiesigen Leben nicht umhinkönnen, das irdische Domizil der Seele als notwendiges Übel hinzunehmen, bis sie der Tod des Leibes vom Schmutz alles sinnlich Vermittelten erlöst.

Die Seele ist gleichsam durch einen metaphysischen Unfall in einen Körper gelangt. PLATON schildert dies im *Phaidros*-Mythos (*Phaidros:* 246a–249d), wo die Seele mit einem Rossegespann verglichen wird, das aus zwei in verschiedene Richtungen ziehenden Pferden und dem Lenker besteht. Sie ist also keineswegs in stiller Betrachtung, in die Ideenschau versunken, sondern eine ungebändigte, in sich zerstreute Kraft, die immer wieder von neuem gesammelt und auf die Ideen gerichtet werden muß. Während das eine Pferd wild und ungestüm ist (Emotion), ist das andere gutartig und folgsam (Besonnenheit), und die Kunst des Lenkers (Vernunft) zeigt sich darin, wie er die unterschiedlichen Temperamente zu zügeln versteht. Gibt er dem wilden Pferd nach, wird das ganze Gespann aus der

Bahn gerissen und sinkt auf die Erde herab in einen Körper, wo die Seele es noch schwerer hat, die Herrschaft über sich selbst zu erlangen, weil ihr emotionaler Teil, angezogen von materiellen Genüssen, im Stofflichen ihre Erfüllung sucht. Die Erkenntnis jedoch, daß ihr Sturz in die Materie selbst verschuldet ist und die Befriedigung der Sinne stets nur ein vorübergehendes, aber kein dauerhaftes Glück zur Folge hat, bewegt die Seele schließlich dazu, Stück für Stück empirischen Ballast abzuwerfen und so erleichtert als reine geistige Kraft wieder dorthin aufzusteigen, woher sie gekommen ist.

Die mit der Hochschätzung des Geistig-Seelischen einhergehende Verachtung des Körperlich-Materiellen zieht sich durch die gesamte abendländische Metaphysik und wurde durch das Christentum noch verschärft, das in seiner Lehre vom Sündenfall dem Menschen die ganze Schuld für den Verlust des Paradieses anlastete. Auch hier gewinnt der Mensch seine eigentliche Bestimmung als Geistwesen zurück, indem er Askese übt und die Triebhaftigkeit des Leibes unterdrückt, um alle verfügbaren Kräfte für das Geistige einzusetzen, das wieder hinauf zu Gott und damit zur Unsterblichkeit führt.

NIETZSCHE, der ein großer Gegner der christlichen Metaphysik war, hat den Akzent von der Seele auf den Leib verschoben:

Leib bin ich ganz und gar und Nichts ausserdem; und Seele ist nur ein Etwas am Leibe. (Z: KSA 4, 39)
Das Geistige ist als Zeichensprache des Leibes festzuhalten! (Nachlaß: KSA 10, 285)

NIETZSCHE wirft den Vertretern des Christentums vor, daß ihre Leibverachtung zu einer Verkrüppelung des Menschlichen geführt habe. Paradoxerweise sei durch die Unterdrückung der Triebe und die Verabscheuung der Sinnlichkeit auch die Seele ihrer Reinheit verlustig gegangen. So hält NIETZSCHES Alter ego ZARATHUSTRA den »Verächtern des Leibes« entgegen:

[Eure Seele] ist Armuth und Schmutz und ein erbärmliches Behagen. (*Z:* KSA 4, 15)

Eine Seele, die ihre materielle Basis verleugnet, wird verschlagen und holt sich das, was sie sich verkneifen muß, durch die Hintertür wieder herein, wie ZARATHUSTRA im Hinblick auf die Enthaltsamkeit mancher Asketen ironisch bemerkt:

> Diese enthalten sich wohl: aber die Hündin Sinnlichkeit blickt mit Neid aus Allem, was sie thun. [...] Noch in die Höhen ihrer Tugend und bis in den kalten Geist hinauf folgt ihnen diess Gethier und sein Unfrieden. Und wie artig weiss die Hündin Sinnlichkeit um ein Stück Geist zu betteln, wenn ihr ein Stück Fleisch versagt wird! (*Z:* KSA 4, 69) Wir sind keine denkenden Frösche, keine Objektivir- und Registrir-Apparate mit kalt gestellten Eingeweiden. (*Fröhliche Wissenschaft:* KSA 3, 349) Deine wilden Hunde wollen in die Freiheit; sie bellen vor Lust in ihrem Keller, wenn dein Geist alle Gefängnisse zu lösen trachtet. (*Z:* KSA 4, 53)

NIETZSCHE plädiert für ein Gleichgewicht der Kräfte, aber für ihn ist der Leib das Ganze des menschlichen Individuums, und diesen Leib bezeichnet er als »große Vernunft«. Entsprechend muß man den Menschen »am Leitfaden des Leibes« bedenken, und alles Geistige ist nur eine Ausdrucksform des Leibes.

> Werkzeug deines Leibes ist auch deine kleine Vernunft, mein Bruder, die du ›Geist‹ nennst, ein kleines Werk- und Spielzeug deiner grossen Vernunft. ›Ich‹ sagst du und bist stolz auf diess Wort. Aber das Grössere ist, woran du nicht glauben willst, – dein Leib und seine grosse Vernunft: die sagt nicht Ich, aber thut Ich. (*Z:* KSA 4, 39)

Der Leib als große Vernunft organisiert sich selbst und bedient sich dabei des Geistes als eines Instruments, mit dessen Hilfe er zu Vorentwürfen und Konstruktionen seiner selbst gelangt, die er durch die Tat verwirklicht. In diesem Zwischen, das durch die Kooperation von Leib und Geist geschaffen wird, entsteht die Dimension des Seelischen.

Während der Geist sich sprachlich äußert und der Leib handelt, ist das Medium der Seele der Gesang: »singe mir, singe, oh meine Seele« bittet Zarathustra. (Ebd. 281) Im Singen der Seele bekommt die abstrakte Sprache des Geistes einen sinnlich-ästhetischen Ausdruck, und dem Handeln des Leibes wird Ruhm und Lobpreisung zuteil. Wollte man hier an die antike Trias des Wahren, Guten und Schönen anknüpfen, so könnte man für NIETZSCHE konstatieren: Im Wahr-Sagen des Geistes, im Gut-Handeln des Leibes und im Schön-Singen der Seele vollendet sich der Mensch als eine Ganzheit, die nie endgültig ist, sondern immer wieder von neuem erstrebt werden muß. Der Mensch muß sich innerhalb der beweglichen Verhältnisstruktur von Geist, Leib und Seele immer wieder überschreiten – von sich selbst weg auf sich selbst hinstreben. Er ist nur da ganz Mensch, wo er sich in dem, was er erreicht hat, überwindet um einer höheren Form seines Menschseins, um des von NIETZSCHE so genannten Über-Menschen willen, der kein statisches Ziel am Ende eines Weges ist, sondern der Sinn des Unterwegsseins. So beschreitet er das »Seil, geknüpft zwischen Thier und Übermensch« (ebd. 16) – stets in Gefahr, entweder auf die Ebene des Tieres abzustürzen oder sich in Gottesphantasien zu verlieren.

Während SOKRATES eine Kooperation von Leib und Seele ausschloß, NIETZSCHES ZARATHUSTRA eine solche vehement forderte, wollten die Philosophen, die den menschlichen Körper als Maschine begriffen, Leib (res extensa) und Seele (res cogitans) als zwei getrennt nebeneinander her wirkende Systeme – ohne Wechselwirkung – aufgefaßt wissen. DESCARTES sah im Leib einen nach kausal-mechanischen Gesetzen funktionierenden Automaten, wohingegen die Seele mittels angeborener Ideen als Prinzipien der Gegenstandserkenntnis die geistigen Prozesse steuert. Das Problem, wie Leib und Seele dann noch gemeinsam agieren können, wenn sie unabhängigen und nicht aufeinander rückführbaren Bewegungsantrieben unterstellt sind, löste DESCARTES dahingehend, daß er im Kopf des Menschen der zu seiner Zeit noch ziemlich unbekannten Zirbeldrüse eine vermittelnde Funktion zuwies. (*Traité de l'homme:* 180) Sie wurde von ihm als die organische Schaltstelle bestimmt, an deren Hebeln die Seele sitzt, die einerseits Informationen des Körpers geistig verarbeitet, andererseits durch geistige Impulse sogenannte Animalgeister in Bewegung setzt, die ihrerseits die gewünschten Körperbewegungen auslösen.

SPINOZA übernahm zwar den DESCARTESschen Dualismus von Leib und Seele, erklärte deren Zusammenspiel jedoch nicht durch Bezugnahme auf ein körperliches Organ, sondern verlegte die einheitsstiftende Instanz außerhalb des Menschen in Gott. Ausgedehntheit als Merkmal alles Körperlich-Materiellen und Denken als Merkmal alles Geistig-Seelischen begriff er als zwei Attribute Gottes, welche Eigenschaften der an sich selbst ungeteilten, strikt mit sich identischen göttlichen Substanz aus der Perspektive des Menschen bezeichnen, der Gott nicht als ungeschiedene Ganzheit, sondern nur als in sich Differentes denken kann. Die dabei vorausgesetzte göttliche Einheit garantiert jedoch die Synchronizität der körperlichen und seelischen Prozesse derart, daß jedem körperlichen Vorgang immer auch ein geistiger korrespondiert und umgekehrt. Diese Theorie wurde daher als »psycho-physischer Parallelismus« bezeichnet, im Unterschied zur »Influxionstheorie« DESCARTES', der ja meinte, die Seele könne über die Zirbeldrüse den Körper direkt, ohne Einwirkung Gottes, beeinflussen.

Wieder anders versuchte LEIBNIZ das Problem einer nicht auf Wechselwirkung beruhenden Parallelität von körperlichen und geistigen Prozessen zu lösen, indem er von einer prästabilierten Harmonie sprach: Gott habe bei der Erschaffung der Welt die körperlich-materiellen und die geistig-seelischen Aktivitäten so aufeinander abgestimmt, daß sie wie zwei absolut gleich geschaltete Uhrwerke präzis aufeinander eingestellt seien, ohne sich gegenseitig zu beeinflussen. Der Anschein von Wechselbezüglichkeit sei nichts weiter als eine Täuschung (*Vernunftprinzipien:* 21f.).

Die sogenannten Okkasionalisten (insbesondere ARNOLD GEULINCX und NICOLAS MALEBRANCHE) wandelten LEIBNIZ' These von der prästabilierten Harmonie dahingehend ab, daß Gott nicht zu Beginn der Schöpfung Leib und Seele ein für allemal aufeinander abgestimmt habe, sondern daß er bei jeder einzelnen menschlichen Handlung in jedem Augenblick die Koordination der körperlichen und geistigen Abläufe übernehme. Die Absurdität dieses Konzepts eines bei jeder Gelegenheit eingreifenden Gottes wird deutlich, wenn man sich vorstellt, welche Belastung selbst einem mit Allmacht ausgestatteten Gott aufgebürdet wird, der bei Milliarden von Menschen in jeder Sekunde für deren leiblich-seelisches Zusammenspiel verantwortlich ist. Will jemand nur den Arm heben, um sich am Kopf zu kratzen, muß Gott den dazu erforderlichen Impuls an die entsprechenden Muskeln und Sehnen geben …

Spätere Philosophen haben das Leib-Seele-Verhältnis wieder zu einer Angelegenheit des Individuums gemacht, doch so, daß die Differenz in der Verhältnisstruktur nicht *begrifflich* überwunden, sondern *existentiell* ausgehalten wird. SØREN KIERKEGAARD führt hierzu aus:

Der Mensch ist Geist. Aber was ist Geist? Geist ist das Selbst. Aber was ist das Selbst? Das Selbst ist ein Verhältnis, das sich zu sich selbst verhält; der Mensch ist nicht das Verhältnis, sondern daß das Verhältnis sich zu sich selbst verhält. Der Mensch ist eine Synthese von Unendlichkeit und Endlichkeit, von Zeitlichem und Ewigem, von Freiheit und Notwendigkeit, kurz eine Synthese. Eine Synthese ist ein Verhältnis zwischen Zweien. So betrachtet ist der Mensch noch kein Selbst. Im Verhältnis zwischen Zweien ist das Verhältnis das Dritte als negative Einheit, und die Zwei verhalten sich zum Verhältnis und im Verhältnis zum Verhältnis; dergestalt ist unter der Bestimmung Seele das Verhältnis zwischen Seele und Leib ein Verhältnis. Verhält sich hingegen das Verhältnis zu sich selbst, so ist dieses Verhältnis das positive Dritte, und dies ist das Selbst. (*Krankheit zum Tode:* 8)

Was den Menschen zum Menschen macht, ist die Dynamik einer flexiblen Verhältnisstruktur, wobei KIERKEGAARD ›Verhältnis‹ aktivisch versteht als die Tätigkeit des Sichverhaltens. Nur als geistige Potenz entfaltet der Mensch sein volles Wesen und ist als Werdender ganz er selbst. Selbstsein ist etwas, das der Mensch wissentlich und willentlich vollzieht, nämlich auf die Weise des Sichverhaltens. Dabei begreift er sich als den Sichverhaltenden im Verhältnis und wird, indem er die gegenstrebige Spannung der Gegensätze in seiner Person erzeugt und aushält, zum Urheber seines geistig vermittelten leiblich-seelischen Selbstseins. Für KIERKEGAARD als religiösen Denker ist es die göttliche Trinität, die die Folie abgibt für die dreigliedrige Verhältnisstruktur, die der Bewegung des Selbstwerdens zugrundeliegt: Wie der Heilige Geist den jenseitigen Gott und den diesseitigen, leibgewordenen Gott miteinander zu einer Person vereinigt, so soll der Mensch Seele und Leib durch das geistige Band seines Sich-zu-sichselbst-Verhaltens in ein persönliches Verhältnis bringen.

Für JOHANN GOTTFRIED HERDER war der Mensch »der erste Freigelassene der Schöpfung« (*Ideen*: 13, 146), modern ausgedrückt: Der Mensch hat sich von den Gesetzen der Evolution losgekettet und die Planung seiner Zukunft selbst in die Hand genommen. Doch gerät diese Planung mittlerweile immer mehr zu einem Konstrukt des *homo faber*, des ›Werktätigen‹, der sich zusammen mit dem *homo oeconomicus* vom *homo sapiens* abgesetzt hat, um im Dienst des Nutzengottes seine Machbarkeitsphantasien zu inszenieren. Schon FRIEDRICH SCHILLER sah die Gefahren des sich selbst zur Maschine degradierenden »eindimensionalen Menschen« (HERBERT MARCUSE):

Jene Polypennatur der griechischen Staaten, wo jedes Individuum eines unabhängigen Lebens genoß und, wenn es not tat, zum Ganzen werden konnte, machte jetzt einem kunstreichen Uhrwerke Platz, wo aus der Zusammenstückelung unendlich vieler, aber lebloser Teile ein mechanisches Leben im Ganzen sich bildet. [...] Ewig nur an ein einzelnes kleines Bruchstück des Ganzen gefesselt, bildet sich der Mensch selbst nur als

Bruchstück aus; ewig nur das eintönige Geräusch des Rades, das er umtreibt, im Ohre, entwickelt er nie die Harmonie seines Wesens. (*Ästhetische Erziehung:* 20)

Um jene »Totalität des Charakters« (14) auszubilden, die den Menschen wieder »ganz« macht, muß der entgleiste Triebhaushalt saniert und der Mensch zum *homo ludens,* zum ›Spielenden‹, werden. »Stofftrieb« und »Formtrieb« sind die beiden fundamentalen Strebeweisen, deren Ziel die naturale Bedürfnisbefriedigung einerseits, die Erfüllung der moralischen Vernunftansprüche andererseits ist. Da SCHILLER beide Triebe für gleichberechtigt hält, kommt für ihn eine Unterordnung des Stofftriebs unter den Formtrieb nicht in Frage. Um sicherzustellen, daß jeder Trieb seine Ansprüche ungehindert geltend machen kann, ohne in unzulässiger Weise auf den Geltungsbereich des jeweils anderen überzugreifen, entwickelt SCHILLER das Konzept einer vermittelnden Instanz, die als »Spieltrieb« dafür sorgt, daß der Mensch sich ohne physischen und moralischen Zwang frei entfalten kann. Der Spieltrieb befreit den Menschen zu seinem wahren und ganzen Wesen: zur »lebenden Gestalt« als fleischgewordenes, personifiziertes Kunstwerk. Daher kann SCHILLER sagen, daß

das Spiel und nur das Spiel es ist, was ihn vollständig macht und seine doppelte Natur auf einmal entfaltet. [...] der Mensch soll mit der Schönheit *nur spielen,* und er soll *nur mit der Schönheit* spielen. Denn [...] der Mensch spielt nur, wo er in voller Bedeutung des Worts Mensch ist, und *er ist nur da ganz Mensch, wo er spielt.* (Ebd. 62f.)

Das Spiel setzt die dem Menschen eigentümliche Kreativität frei. Im Ästhetischen finden Sinnlichkeit und Vernunft, Leib und Seele so zueinander, daß es dem Individuum gelingt, sich in einer gegenstrebigen Harmonie als Bildner seiner Existenz und damit als Lebens*künstler* zu erweisen.

JEAN-PAUL SARTRE hat diesen Ansatz radikalisiert, indem er den Menschen gleichsam bei Null beginnen läßt, da aus seiner Sicht die Existenz der Essenz vorausgeht. Es gibt keine apriorische Definition des Menschen; vielmehr definiert sich der Mensch in seinem Wesen, erst nachdem er sich zur Existenz gebracht hat, denn

> der Mensch ist nichts anderes als wozu er sich macht. [...] Aber wenn wirklich die Existenz der Essenz vorausgeht, so ist der Mensch verantwortlich für das, was er ist. [...] Indem wir sagen, daß der Mensch sich wählt, verstehen wir darunter, daß jeder unter uns sich wählt; aber damit wollen wir ebenfalls sagen, daß, indem er sich wählt, er alle Menschen wählt. [...] So bin ich für mich selbst und für alle verantwortlich, und ich schaffe ein bestimmtes Bild des Menschen, den ich wähle; indem ich mich wähle, wähle ich den Menschen. (*Existentialismus*: 11–13)

Der Mensch entwirft sich gemäß SARTRES atheistischem Humanismus als Schöpfer seiner selbst. Dabei wird das, was traditionell Seele hieß, zum Prinzip individueller Selbstgestaltung umdefiniert, die gleichwohl keine einsame Ich-Hervorbringung ist, sondern das Wesen der Menschheit in je und je geschichtlicher Konkretion miterzeugt.

Rückblickend auf die Leib-Seele-Problematik kann als Resultat festgehalten werden: Daß der Mensch Leib ist, scheint selbstverständlich, denn was wir an uns und an den Mitmenschen unmittelbar wahrnehmen, ist die Körperlichkeit. Daß der Mensch mehr ist als nur Leib, oder daß sich in der Leiblichkeit noch etwas anderes zum Ausdruck bringt, das nicht von der Art des Leibes ist, scheint weniger selbstverständlich, weil wir dieses ›Mehr‹ bzw. dieses ›Andere‹ weder sehen noch hören oder sonstwie mit den Sinnen erfassen können. Wenn wir dem Menschen trotzdem über das Körperliche hinaus Geist und eine Seele als Sitz des Geistigen zuschreiben, so deshalb, weil wir uns als unserer selbst bewußte Wesen verstehen. Bewußtsein von sich selbst zu haben bedeutet: eine Vorstellung davon zu haben, daß sich das Sein als Mensch nicht in der puren Stofflichkeit eines nach kausal-mechanischen Gesetzen funktionierenden Körpers erschöpft.

Seele und Geist sind Namen für jenes unstoffliche, unorganische Element eines Körpers, das diesem seine Bestimmung gibt. Im Unterschied zu anderen Lebewesen weiß der Mensch um seine Endlichkeit; er weiß um seinen Anfang und sein Ende, um Geburt und Tod, und dieses Wissen um die Begrenztheit des Lebens läßt ihn die großen Sinnfragen stellen, die in allen Religionen und Philosophien gestellt werden: Woher komme ich? Wohin gehe ich? Wozu bin ich da? Solche Sinnfragen, die den Erfahrungsbereich jedes einzelnen überschreiten, sind ein Indiz dafür, daß der Mensch nicht in der Unmittelbarkeit seines Daseins aufgeht, sondern sich selbst in einem alles umgreifenden Horizont positioniert: ein Horizont, der als solcher nicht faktisch vorhanden ist und daher nur ein geistiges Konstrukt sein kann, als dessen Konstrukteur allein eine ›Seele‹ in Frage kommt.

Der Mensch ist nur ein Schilfrohr, das schwächste der Natur – aber ein denkendes Schilfrohr. Es ist nicht nötig, daß das ganze Weltall sich waffne, um ihn zu zermalmen: ein Dampf, ein Wassertropfen genügen, um ihn zu töten. Aber wenn das Weltall ihn zermalmte, wäre der Mensch noch edler als das, was ihn tötet, denn er weiß, daß er stirbt, und kennt die Überlegenheit, die das Weltall über ihn hat; das Weltall weiß nichts davon. Unsere ganze Würde besteht also im Gedanken. Daraus muß unser Stolz kommen, nicht aus Raum und Zeit, die wir nicht ausfüllen können. Bemühen wir uns also, gut zu denken: das ist das Prinzip der Moral. (BLAISE PASCAL, *Gedanken:* 61)

3. Die Beute:
wirkliche und virtuelle Welten

*Verbiete du dem Seidenwurm zu spinnen, wenn er sich
schon dem Tode näher spinnt.*

(GOETHE, *Torquato Tasso: 5,2*)

Der individuelle Mensch findet sich vor in einer Welt, die
er nicht geschaffen hat. Er wurde hineingeboren in eine
Gesellschaft, an deren Zustandekommen er nicht beteiligt
war. Er stößt allenthalben auf Widerstände, die in Gestalt
von Naturgesetzen und Normvorschriften seinem Freiheits-
drang Grenzen setzen. Er erlebt das ganze Ausmaß seiner
Ohnmacht im Scheitern seiner Versuche, sich im Kosmos
heimisch zu machen. Niemand hat dies eindringlicher geschildert als ALBERT CAMUS, der das Streben des Menschen nach einem alles umfassenden Sinn an der absurden Befindlichkeit der Situation des Menschen ins Leere
laufen sieht:

> [...] die Verfremdung ergreift uns: die Wahrnehmung, daß die
> Welt ›dicht‹ ist, die Ahnung, wie sehr ein Stein fremd ist, un-
> durchdringbar für uns, und mit welcher Intensität die Natur
> oder eine Landschaft uns verneint. In der Tiefe jeder Schön-
> heit liegt etwas Unmenschliches, und diese Hügel, der sanfte
> Himmel, die Konturen der Bäume – sie verlieren im Augen-
> blick den trügerischen Sinn, mit dem wir sie bedachten, und
> liegen uns von nun an ferner als ein verlorenes Paradies.
> Die primitive Feindseligkeit der Welt, die durch die Jahrtau-
> sende besteht, erhebt sich wieder gegen uns. Eine Sekunde
> lang verstehen wir die Welt nicht mehr: jahrhundertelang
> haben wir in ihr nur die Bilder und Gestalten gesehen, die
> wir zuvor in sie hineingelegt hatten, und nun verfügen wir
> nicht mehr über die Kraft, von diesem Kunstgriff Gebrauch
> zu machen. Die Welt entgleitet uns: sie wird wieder sie selbst.
> [...] diese Dichte und diese Fremdartigkeit der Welt sind das
> Absurde. Auch die Menschen sondern Unmenschliches ab.
> (*Mythos*: 17 f.)

CAMUS verwirft alle theoretischen Versuche, der Welt habhaft zu werden, sie mit den Mitteln des Verstandes und der Wissenschaften transparent zu machen, als Selbsttäuschung:

> [...] wie könnte ich die Welt leugnen, deren Macht und Stärke ich erfahre? Trotzdem vermittelt mir alles Wissen über diese Erde nichts, was mir die Sicherheit gäbe, daß diese Welt mir gehört. Man kann sie mir beschreiben, und man kann mich lehren, sie zu klassifizieren. Man kann ihre Gesetze aufzählen, und in meinem Wissensdurst halte ich sie für wahr. Man kann ihren Mechanismus auseinandernehmen, und meine Hoffnung wächst. Zuallerletzt lehrt man mich, dieses zauberhafte und farbenprächtige Universum lasse sich auf das Atom zurückführen und das Atom wieder auf das Elektron. Das ist alles sehr schön, und ich warte, wie es weitergehen soll. Da erzählt man mir aber von einem unsichtbaren Planetensystem, in dem die Elektronen um einen Kern kreisen. Man erklärt mir die Welt mit einem Bild. Jetzt merke ich, daß wir bei der Poesie gelandet sind: nie werde ich wirklich etwas wissen. [...] Ich begreife: wenn ich die Erscheinungen wissenschaftlich fassen und aufzählen kann, dann kann ich damit noch nicht die Welt einfangen. (Ebd. 22)

Diese Desillusionierung des modernen Menschen ist um so schmerzlicher, als die Konstrukteure der alten metaphysischen und der idealistischen Systementwürfe noch davon ausgingen, daß der Mensch sehr wohl imstande ist, die Totalität alles dessen, was ist, auf den Begriff zu bringen, indem sie die ontologischen Strukturen des Seienden insgesamt eruierten oder die apriorischen Bedingungen aller Objekte in den Bewußtseinsstrukturen erkennender Subjekte aufdeckten.

So führte ARISTOTELES alle Veränderungen in der Natur auf vier Typen von Ursachen zurück, die erklären sollten, warum etwas aus etwas anderem geworden ist. (1) Die Materialursache verweist auf den Stoff, aus dem etwas in materieller Hinsicht hervorgegangen ist. (2) Die Formursache nennt die Form (das Eidos) als Grund dafür, daß es ein bestimmtes, ihm eigentümliches Wesen erhalten hat. (3) Die Wirkursache bezeichnet den Anstoß, der es in Bewegung setzte. (4) Die Zweckursache schließlich deutet auf den Entwurf oder Plan hin, zu dessen Verwirklichung es dienen soll. Bezeichnenderweise zieht Aristoteles zur Erläuterung seiner Vier-Ursachen-Lehre Beispiele aus dem Bereich des handwerklichen bzw. künstlerischen Herstellens sowie anderer menschlicher Verrichtungen heran, weil er zum einen davon ausgeht, daß die Natur im Menschen nicht anders wirkt als außerhalb seines Tätigkeitsbereichs, und zum anderen in formaler Hinsicht grundsätzlich alles das zur Ursache erklärt, was der Grund dafür ist, daß etwas sich verändert.

Auf eine Weise wird also Ursache genannt das, woraus als schon Vorhandenem etwas entsteht, z.B. das Erz des Standbilds, das Silber der Schale, und dies gilt auch für die Gattungen dieser Begriffe. – Auf eine andere Weise aber die Form und das Modell, d.i. die Wesensbestimmung des Gegenstandes und deren übergeordnete Gattungen – z.B. beim Oktavabstand das Verhältnis 2 zu 1 und überhaupt die Zahlenreihe – sowie die Bestimmungsstücke des Begriffs. – Des weiteren: woher der anfängliche Anstoß zu Wandel oder Beharrung kommt; z.B. ist der Ratgeber Verursacher von etwas und der Vater Verursacher des Kindes und allgemein das Bewirkende Ursache dessen, was bewirkt wird, und das Verändernde dessen, was sich ändert. – Schließlich: als Zweck, d.i. das Weswegen; z.B. ist der Zweck des Spazierengehens die Gesundheit. (*Physik:* II, 3; 194b)

ARISTOTELES war davon überzeugt, in den Prinzipien des Seienden insgesamt die dem Kosmos zugrunde liegenden Seinsstrukturen gefunden zu haben und damit den Schlüssel zum Universum zu besitzen.

Die Erschütterung dieser ontologischen Weltsicht brachte die erste Enttäuschung mit sich. KANT war es, der diese Vorstellung eines wissenschaftlichen Zugriffs auf die Natur als solche ins Wanken brachte, indem er durch seine Untersuchung der Grenzen der menschlichen Vernunft den Nachweis erbrachte, daß dem Menschen eine Erkenntnis der Dinge, so wie sie ontologisch – ihrem Sein nach – an sich selbst beschaffen sind, nicht möglich ist. Vorbereitet wurde diese Einsicht durch DAVID HUME, der KANT seinem eigenen Bekunden zufolge aus dem »dogmatischen Schlummer« geweckt hatte. (*Prolegomena:* AA 4, 259) HUME hatte nämlich festgestellt, daß den in der traditionellen Metaphysik verwendeten Begriffen wie Macht, Kraft, Energie, notwendige Verknüpfung (im Sinne von Kausalität) in der Wirklichkeit nichts entsprach:

> In Wirklichkeit enthüllt uns kein Stück Materie je durch seine sinnlichen Eigenschaften irgend eine Kraft oder Energie, noch gibt es Veranlassung zu der Annahme, daß es irgend etwas hervorbringen oder einen anderen Gegenstand im Gefolge haben könne, den wir als seine Wirkung bezeichnen dürften. (*Verstand:* 78)

Die scheinbare Notwendigkeit, die wir in der Abfolge von Ereignis A und Ereignis B konstatieren, wenn wir sagen, A sei die Ursache von B, hat nach HUME nur subjektive, aber keine objektive Bedeutung. Durch Erfahrung haben wir uns daran gewöhnt, daß B regelmäßig auf A folgt, und sehen uns deshalb genötigt, A ein Kraftpotential zu unterstellen, das B naturnotwendig erzeugt. Tatsächlich aber sind A und B nur in unserem auf die Erfahrung bezogenen Denken, nicht jedoch an sich selbst, unabhängig von unserer Erfahrung, ursächlich miteinander verknüpft.

> Wenn sich uns ein Gegenstand oder Ereignis in der Natur darbietet, so ist es uns ohne Erfahrung unmöglich, mit noch so eindringlichem Scharfsinn zu entdecken, ja auch nur zu erdenken, was für ein Ereignis aus ihm folgen wird, oder mit unserer Voraussicht über den Gegenstand hinauszugelangen, der unmittelbar dem Gedächtnis oder den Sinnen vorliegt. [...] Die Erscheinung einer Ursache führt stets den Geist, durch einen gewohnheitsmäßigen Übergang, zur Vorstellung der Wirkung. Auch dies lehrt uns die Erfahrung. Deshalb mögen wir, jetzt in Übereinstimmung mit dieser Erfahrung, eine andere Definition der Ursache bilden und sie bezeichnen als: *einen Gegenstand, dem ein anderer folgt, und dessen Erscheinen stets das Denken zu jenem andern führt.* (Ebd. 90, 93).

Diese These, daß dem Begriff der Ursache nur noch subjektive und keine objektive (ontologische) Gültigkeit mehr zukommt, ging KANT zu weit, doch erkannte er HUMES Argument, daß wir die Dinge nicht an sich haben, sondern nur wie sie in einem menschlichen Bewußtsein erscheinen, als stichhaltig an. Wir können Gegenstände nicht anders als durch Erfahrung erkennen. Was sich menschlicher Erfahrung entzieht, ist als prinzipiell Unerfahrbares kein Gegenstand möglichen Wissens. Anders als HUME zog KANT daraus jedoch nicht den Schluß, daß alle Erkenntnis aufgrund ihrer Erfahrungsgebundenheit unaufhebbar subjektiv ist. Vielmehr wollte er den Anspruch der objektiven Gültigkeit wissenschaftlichen Erkennens retten und versuchte den Nachweis zu erbringen, daß die Bedingungen, unter denen Erkenntnis erzeugt wird, dieselben Bedingungen sind, unter denen Gegenstände in einem Bewußtsein vorgestellt werden können.

[...] die Bedingungen der *Möglichkeit der Erfahrung* überhaupt sind zugleich Bedingungen der *Möglichkeit* der *Gegenstände der Erfahrung* [...]. (*KrV*: B 197)

Diese sowohl für den Vorgang des Erkennens wie für die zu erkennenden Objekte vorausgesetzten Bedingungen sind zum einen (a) solche der Anschauung, zum anderen (b) solche des Verstandes: (a) Nur was sinnlich erfaßbar ist, hat eine objektive Qualität. Sinnlich erfaßbar ist dasjenige, was räumlicher und zeitlicher Natur ist und damit den reinen Formen der Anschauung entspricht. (b) Nur was unter der Form von Gesetzen stehend gedacht werden kann, läßt sich als notwendig begreifen. Unter der Form von Gesetzen stehend ist dasjenige, was unter die Kategorien des reinen Verstandes fällt und damit den Strukturen des Denkens entspricht. Erfahrung im Sinne objektiver, wissenschaftlicher Erkenntnis kommt demnach nur zustande, wenn die Bedingungen von (a) und (b) erfüllt sind. Da man von den Gegenständen nicht nachträglich die Zutaten seitens der Sinnlichkeit und des Verstandes wieder abziehen kann, um sie gleichsam pur oder nackt (eben doch wieder *in den Blick zu bekommen* bzw. *auf den Begriff zu bringen*), ist es müßig, darüber zu spekulieren, was sie unabhängig davon, was sie für uns sind, *an sich* sein mögen. Was sich der Wahrnehmbarkeit und dem kategorialen Zugriff entzieht, fällt aus dem Sinn und aus dem Verstand heraus und kann daher als solches das Wissen nicht interessieren. Interessieren kann uns nur etwas, das ein Gegenstand *für uns* ist: einen solchen nennt KANT Erscheinung und das Ganze der Erscheinungen Natur.

Die Möglichkeit der Erfahrung überhaupt ist also zugleich das allgemeine Gesetz der Natur, und die Grundsätze der ersteren sind selbst die Gesetze der letzteren. Denn wir kennen Natur nicht anders als den Inbegriff der Erscheinungen, d. i. der Vorstellungen in uns, und können daher das Gesetz ihrer Verknüpfung nirgend anders als von den Grundsätzen der Verknüpfung derselben in uns, d. i. den Bedingungen der notwendigen Vereinigung in einem Bewußtsein, welche die Möglichkeit der Erfahrung ausmacht, hernehmen. [...] daß allgemeine Naturgesetze *a priori* erkannt werden können, führt schon von selbst auf den Satz: daß die oberste Gesetzgebung der Natur in uns selbst, d. i. in unserem Verstande liegen müsse, und daß wir die allgemeinen Gesetze derselben nicht von der Natur vermittelst der Erfahrung, sondern umgekehrt die Natur, ihrer allgemeinen Gesetzmäßigkeit nach, bloß aus den in unserer Sinnlichkeit und dem Verstande liegenden Bedingungen der Möglichkeit der Erfahrung suchen müssen [...]: *der Verstand schöpft seine Gesetze (a priori) nicht aus der Natur, sondern schreibt sie dieser vor.* (*Prolegomena:* AA 4, 316 f.)

KANT hat die objektive Gültigkeit und Notwendigkeit gegenständlicher Erkenntnis vor HUMES Skeptizismus gerettet – allerdings unter Preisgabe ihrer ontologischen Valenz. Wir lesen die Strukturen der Gegenstände nicht gleichsam in einer Eins-zu-eins-Abbildung an diesen ab, sondern legen sie in diese hinein. Natur, Welt, die Wirklichkeit insgesamt sind Konstrukte, als solche aber gerade nicht beliebige, sondern notwendige Entwürfe, da sie nach

Maßgabe jener Konstruktionsprinzipien entwickelt werden, die unseren Erkenntnisapparat konstituieren und somit unhintergehbar sind.

Die deutschen Idealisten wollten die engen Grenzen, die KANT dem Erkennen wie dem Erkennbaren gezogen hatte, spekulativ erweitern und das menschliche Bewußtsein zu einem absoluten Horizont ausdehnen, innerhalb dessen auch dasjenige Platz haben sollte, was die Erfahrung übersteigt. So hat SCHELLING seiner Naturphilosophie, die er als spekulative Physik verstanden wissen wollte, die These zugrunde gelegt,

> daß es eine bewußtlose, aber der bewußten ursprünglich verwandte Produktivität ist, deren bloßen Reflex wir in der Natur sehen [...]. Nach dieser Ansicht, da die Natur nur der sichtbare Organismus unseres Verstandes ist, *kann* die Natur nichts anderes als das Regel- und Zweckmäßige produzieren, und die Natur ist *gezwungen*, es zu produzieren. [...] Die Natur soll der sichtbare Geist, der Geist die unsichtbare Natur sein. *Hier* also, in der absoluten Identität des Geistes *in* uns und der Natur *außer* uns, muß sich das Problem, wie eine Natur außer uns möglich sei, auflösen. (*Entwurf:* 19 f., 55 f.)

Zwar räumt auch SCHELLING ein, daß wir alles, was wir wissen, ursprünglich nur durch Erfahrung wissen (ebd. 27), aber aufgrund der Verwandtschaft, ja Identität von Geist und Natur erkennen wir in deren bewußtloser Produktivität unsere eigene – jedoch im Bewußtsein der Freiheit vollzogene – Produktivität wieder und können sie daher nachkonstruieren.

> Die allgemeinste Aufgabe der spekulativen Physik läßt sich jetzt so ausdrücken: *die Konstruktion organischer und anorganischer Produkte auf einen gemeinschaftlichen Ausdruck zu bringen.* (Ebd. 58)

Dieser Konstruktion der Evolution der Natur als eines unendlichen Werdens legt SCHELLING die Folie der die geistigen Prozesse strukturierenden Selbstreflexivität des Bewußtseins zugrunde. Wie die Reflexion nur dadurch etwas als etwas Bestimmtes ins Bewußtsein hebt, daß sie ihre ins Unendliche gerichtete Tätigkeit nicht ins Leere verfließen läßt, sondern immer wieder abbricht, um sich auf sich selbst zurückzuwenden und dabei das Gegen-Ständliche in ihren Horizont hereinzuholen, so hemmt die Evolution sich in ihrem Entwicklungsdrang und bringt sich immer wieder in einem Produkt zum Stehen.

> Jenes Produkt ist ein endliches, aber da die unendliche Produktivität der Natur in ihm sich konzentriert, muß es den Trieb zur unendlichen Entwicklung haben. [...] durch jenes Produkt evolviert sich eine ursprüngliche Unendlichkeit, diese Unendlichkeit kann nie abnehmen. [...] es können unzählige Hemmungspunkte der *Evolution* gedacht werden. Jeder solcher Punkt ist uns durch ein Produkt bezeichnet, aber in jedem Punkt der Evolution ist die Natur noch unendlich, also ist die Natur in jedem Produkt noch unendlich, und in jedem liegt der Keim eines Universums. (Ebd. 40 f.)

KARL MARX hat das Verhältnis zwischen Mensch und Natur weniger idealistisch als eine geistige, sondern mehr materialistisch als eine fast symbiotische Beziehung gesehen, in welcher die Natur in ihrer Stofflichkeit angeeignet wird. Die Auseinandersetzung und Aneignung von Natur geschieht daher nicht intellektuell mittels Konstruktion, sondern praktisch durch Arbeit.

> Die Arbeit ist zunächst ein Prozeß zwischen Mensch und Natur, ein Prozeß, worin der Mensch seinen Stoffwechsel mit der Natur durch seine eigne Tat vermittelt, regelt und kontrolliert. Er tritt dem Naturstoff selbst als eine Naturmacht gegenüber. Die seiner Leiblichkeit angehörigen Naturkräfte, Arme und Beine, Kopf und Hand, setzt er in Bewegung, um sich den Naturstoff in einer für sein eignes Leben brauchbaren Form anzueignen. (*Kapital:* MEW 23, 192)

Die Gefahren, die mit der Veränderung der Natur durch menschliche Arbeit im Sinne einer hemmungslosen, systematisch betriebenen Ausbeutung und Plünderung der Ressourcen verbunden sind, hat MARX noch nicht sehen können. Für ihn ist es selbstverständlich, daß die Menschen pfleglich mit ihrer eigenen Lebensgrundlage umgehen und gemeinsam die richtige Balance zwischen Naturalismus des Menschen und Humanismus der Natur finden:

> Die Natur ist der *unorganische Leib* des Menschen, nämlich die Natur, soweit sie nicht selbst menschlicher Körper ist. Der Mensch *lebt* von der Natur, heißt: Die Natur ist sein *Leib*, mit dem er in beständigem Prozeß bleiben muß, um nicht zu sterben. Daß das physische und geistige Leben des Menschen mit der Natur zusammenhängt, hat keinen andren Sinn, als daß die Natur mit sich selbst zusammenhängt, denn der Mensch ist ein Teil der Natur. [...] die *Gesellschaft* ist die vollendete Wesenseinheit des Menschen mit der Natur, die wahre Resurrektion der Natur, der durchgeführte Naturalismus des Menschen und der durchgeführte Humanismus der Natur. (*Ökonomisch-philosophische Manuskripte:* EB 1, 516, 538)

Man kann die Welt, die Natur, die Wirklichkeit denkend einfangen oder handelnd herstellen – in jedem Fall ist das Resultat ein Konstrukt und damit ein *Machwerk* des Menschen, der nicht umhinkann, das Universum anthropomorph auszulegen und als seine Lebenswelt zu gestalten. Entscheidend ist dabei die intersubjektive Vernetztheit mit anderen Menschen in Theorie und Praxis, denn die Lebenswelt ist nach EDMUND HUSSERL phänomenologisch nicht anders beschreibbar denn als

> eine Welt der schlichten intersubjektiven Erfahrungen. (Hua VI, 136). Natur ist nicht nur Index für mein System möglicher Naturerfahrungen [...], sondern zugleich Index für entsprechende [...] Systeme von Erfahrungen in den fremden Ich. (Hua XIII, 228) Alle Leiber sind ›Ausdrücke des Geistes und Geisteslebens‹, und als solche sind sie Bedeutungsträger, Bedeutungsträger in jeder Eindeutung, die Bedingung der Möglichkeit des sozialen Lebens als eines Gemeinschaftslebens ist. (Ebd. 93)

Alle Ich-Erfahrung ist wesentlich zugleich eine Wir-Erfahrung. Andernfalls lebte jedes Individuum in einer anderen Wirklichkeit, isoliert und gefangengesetzt in seinen bloß subjektiven Vorstellungen. Die Sprache ist jenes Bindeglied, das Kommunikation und damit intersubjektive Verständigung ermöglicht. Die im 20. Jahrhundert vollzogene Wende von der Bewußtseinsphilosophie zur Sprachphilosophie hat die Sprache zum unhintergehbaren Apriori erhoben, von dem aus wir zu einer gemeinsamen Lebensform gelangen, indem wir die Dinge mittels Wörtern einfangen und uns in Form von Sprachspielen über die Bedeutung der Wörter verständigen. WITTGENSTEIN hat die Sprache und ihre Funktionen durch zahlreiche Analogien beschrieben:

> Denk an die Werkzeuge in einem Werkzeugkasten: es ist da ein Hammer, eine Zange, eine Säge, ein Schraubenzieher, ein Maßstab, ein Leimtopf, Leim. Nägel und Schrauben. – So verschieden die Funktionen dieser Gegenstände, so verschieden sind die Funktionen der Wörter. (*Philosophische Untersuchungen:* 11.)

Welche Bedeutung ein Wort hat, hängt vom Kontext ab, in dem es gebraucht wird:

> Jedes Zeichen scheint *allein* tot. *Was* gibt ihm Leben? – Im Gebrauch *lebt* es. Hat es da den lebenden Atem in sich? – Oder ist der *Gebrauch* sein Atem? (Ebd. 432.)

Es gibt keine ein für allemal feststehenden Definitionen von Begriffen, sondern einen ›Hof‹ von möglichen Verwendungsweisen der Wörter. Mit einem Hammer kann man Nägel einschlagen, Steine behauen, einen Menschen erschlagen ... Daher kann WITTGENSTEIN sagen: »eine Sprache vorstellen heißt, sich eine Lebensform vorstellen« (ebd. 19.). Denn sofern mit Sprachspiel »das Ganze: der Sprache und der Tätigkeiten, mit denen sie verwoben ist« (ebd. 7.), gemeint ist, gibt es Auskunft sowohl über die Verständigungsweisen als auch über die Interaktionsformen einer Handlungsgemeinschaft.

Daß man mit der Sprache nicht nur über Sachverhalte informiert, sondern auch handelt, hat JOHN L. AUSTIN in seiner Sprechakttheorie dargelegt. Indem wir etwas sagen, vollziehen wir eine Handlung, wie z.B. der Satz ›Der Hund ist bissig‹ als Warnung, Drohung oder Empfehlung gemeint sein kann, je nachdem, ob ein potentieller Dieb abgeschreckt, ein Angreifer in die Flucht geschlagen oder ein guter Wachhund angepriesen werden soll. AUSTIN nennt solche Sätze, mit denen man nicht nur etwas sagt, sondern zugleich etwas tut, performative Äußerungen und listet Beispiele für verunglückte Sprechakte auf, um zu zeigen, wodurch die Handlung scheitert:

> Stellen Sie sich vor, daß in einem christlichen Land ein Ehemann zu seiner Frau sagt: ›Ich verstoße dich.‹ (Beide seien Christen und keine Mohammedaner.) In diesem Fall kann man sagen: ›Er ist trotzdem nicht von ihr geschieden [...]‹. Ich versuche zu wetten, indem ich sage: ›Ich wette eine Mark.‹ Aber der Versuch ist erfolglos, wenn niemand sagt: ›Top! Die Wette gilt‹ oder dergleichen. Ich versuche zu heiraten und sage: ›Ja.‹ Aber der Versuch schlägt fehl, wenn die Frau ›Nein‹ sagt. (*Sprechakte:* 47 f., 56)

Die *Bedeutung* von Wörtern ist für THOMAS NAGEL ähnlich verwirrend und geheimnisvoll, wie es seinerzeit der bestirnte Himmel über ihm und das moralische Gesetz in ihm für KANT waren:

> Das Geheimnisvolle an der Bedeutung ist, daß sie nirgendwo lokalisiert zu sein scheint – weder in der Welt noch im Bewußtsein, noch in einem losgelösten Begriff oder einer Idee, die zwischen der Welt und den Gegenständen schwebt, über die wir sprechen. Und doch gebrauchen wir die Sprache die ganze Zeit und sind durch sie in der Lage, komplizierte Gedanken zu denken, die sich über große zeitliche und räumliche Entfernungen erstrecken. [...] Wir sind kleine, endliche Geschöpfe, doch Bedeutung ermöglicht es uns, mit der Hilfe von Lauten oder Zeichen auf dem Papier die ganze Welt und viele der Dinge in ihr zu erfassen, ja uns sogar Dinge auszudenken, die es nicht gibt und vielleicht niemals geben wird. (*Was bedeutet das alles:* 38, 40)

Während der *linguistic turn* im angelsächsischen Sprachraum einen Zugang zur philosophischen Problematisierung des Wissens und Handelns über die Sprachanalyse suchte, vollzog er sich in Frankreich mittels einer Beschreibung der Diskurse und einer grammatologischen Dekonstruktion des Logozentrismus der traditionellen Metaphysik. MICHEL FOUCAULT interessierte sich für das folgende – am Beispiel der Sexualität entwickelte – Problem:

> Wie ist in den abendländischen Gesellschaften die Produktion von Diskursen, die (zumindest für eine bestimmte Zeit) mit einem Wahrheitswert geladen sind, an die unterschiedlichen Machtmechanismen und -institutionen gebunden? (*Wille zum Wissen:* 8)

Seine These lautet: Wer über den Diskurs verfügt, seine Produktion betreibt und kontrolliert, der besitzt Macht; die Macht zu verbieten, auszuschließen, zum Schweigen zu bringen, Zwang auszuüben. Diese Unterdrückungsmechanismen reichen bis in die Methodologien der Wissenschaften hinein, deren »Prozeduren, die als Klassifikations-, Anordnungs-, Verteilungsprinzipien wirken«, die Unberechenbarkeit der Ereignisse und des Zufalls bändigen sollen. (*Ordnung des Diskurses:* 16) Selbst dort, wo die Realität des Diskurses ausgeblendet wird, ist er in jener als vorgängig deklarierten Sprache, die vom Sinn des Seins spricht, je schon anwesend, wie FOUCAULT unter Anspielung auf HEIDEGGER ausführt:

> In seinem Bezug zum Sinn verfügt das begründende Subjekt über Zeichen, Male, Spuren, Buchstaben. Aber es muß zu seiner Offenbarung nicht den Weg über die besondere Instanz des Diskurses nehmen. [...] Eine erste Komplizenschaft mit der Welt begründet uns so die Möglichkeit, von ihr und in ihr zu sprechen, sie zu bezeichnen und zu benennen, sie zu beurteilen und schließlich in der Form der Wahrheit zu erkennen. Was kann der Diskurs dann legitimerweise anderes sein als ein behutsames Lesen? Die Dinge murmeln bereits einen Sinn, den unsere Sprache nur noch zu heben braucht; und diese Sprache sprach uns ja immer schon von einem Sein, dessen Gerüst sie gleichsam ist. (Ebd. 33)

Der Diskurs als disziplinierendes Instrument ist unhintergehbar wie die Machtsysteme, deren Herrschaftsinteressen
er durchzusetzen trachtet. Diese – und mit ihnen die Gewalt der Diskurse – werden erst verschwinden, wenn »der
Mensch« verschwindet:

> Indessen gibt es eine Stärkung und tiefe Beruhigung, wenn
> man bedenkt, daß der Mensch lediglich eine junge Erfindung
> ist, eine Gestalt, die noch nicht zwei Jahrhunderte zählt, eine
> einfache Falte in unserem Wissen, und daß er verschwinden
> wird, sobald unser Wissen eine neue Form gefunden haben
> wird. (*Ordnung der Dinge:* 26 f.)

Wir werden erst dann aufhören, die Welt unter dem Gesichtspunkt der Macht zu betrachten und zu vereinnah-
men, wenn wir uns nicht mehr als »Subjekt« begreifen,
d.h. als ein Ich, das – nach Analogie eines Panopticons, in
welchem ein Wächter von einem erhöhten Stand aus die
kreisförmig um ihn herum in durchsichtigen Zellen un-
tergebrachten Gefangenen überwachen kann, ohne selbst
gesehen zu werden, so daß seine Anwesenheit nicht einmal erforderlich ist – als unsichtbare (geistig-seelische) Instanz seinen Körper mittels Disziplinierungsmaßnahmen
und Straftechniken abrichtet und seinen Wünschen unterwirft.

JACQUES DERRIDA will ebenfalls ein Macht- bzw.
Herrschaftsgebilde zerstören, die abendländische Metaphy-
sik, deren Logozentrismus er als eine »ethnozentrische
Metaphysik« bezeichnet. (*Grammatologie:* 140) Er will die
Autorität der gesprochenen Sprache untergraben, indem
er in seiner *Grammatologie* genannten Wissenschaft dem
Ursprung der Schrift nachspürt und zeigt, daß

> der Zugang zum geschriebenen Zeichen die geheiligte Macht ge-
> währt, die Existenz in der Spur fortdauern und die allgemeine
> Struktur des Universums erkennen zu lassen; daß der gesamte
> Klerus, ob er über politische Macht verfügte oder nicht, zur
> gleichen Zeit entstand wie die Schrift und sich mit Hilfe der in
> der Schrift angelegten Herrschaft durchsetzen konnte; daß die

Strategie, die Ballistik, die Diplomatie, die Agrikultur, das Steuerwesen und das Strafrecht in ihrer Geschichte und ihrer Struktur an die Herausbildung der Schrift gebunden sind; daß der der Schrift zugeschriebene Ursprung in den verschiedenartigsten Kulturen nach immer analogen Schemata oder Ketten von Mythemen verlief, und daß dieser Ursprung in sehr komplexer, aber dennoch geregelter Weise mit der Aufteilung der politischen Gewalt und der Struktur der Familie verknüpft war; daß die Möglichkeit zur Kapitalisierung und für die politisch-administrative Organisation immer über die Hand der Schreiber verlief, welche zahlreiche Kriege ins Rollen brachten [...]. (Ebd. 168)

Eine Philosophie der Schrift, wie sie DERRIDA als Grammatologie vorschwebt, will nicht einfach hinter die Anfänge der Schrift zurückgehen, um ihre Entstehungsgeschichte zu rekonstruieren. Vielmehr geht es darum, die Differenzierungskraft der Schrift herauszustellen, ohne auf eine vorgängige Identität zu rekurrieren, die in Form eines ewig präsenten Logos jegliche Zweiheit immer schon ursprünglich aufgehoben sein läßt. Am Anfang findet sich im Gegenteil nur das Zeichen, das auf etwas Abwesendes verweist und damit auf die Urspur einer Vergangenheit, die es nie gegeben hat. Verstrickt in das Verweisungsgefüge der Schrift, ist das Subjekt Teil eines Textes geworden, dessen subjektlos generierte Urschrift das diskursive, Gegensätze durchlaufende und über Differenzen welterschließende Denken ermöglicht. ROLAND BARTHES bringt die Intertextualität des postmodernen Subjekts auf den Punkt:

Und eben das ist der Inter-Text: die Unmöglichkeit, außerhalb des unendlichen Textes zu leben – ob dieser Text nun Proust oder die Tageszeitung oder der Fernsehschirm ist: das Buch macht den Sinn, der Sinn macht das Leben. (*Lust am Text:* 54)

Die Postmoderne hat die traditionellen metaphysischen Diskurse aufgelöst und damit das Netzwerk zerrissen, in welchem sich die Natur verfangen und die Lebenswelt sich als ein wohlgeordnetes Ganzes präsentieren sollte. Doch hat sie an deren Stelle Texte und Kontexte gesetzt, ein Gewebe, dessen Textur sich nicht mehr durch regelmäßige Muster auszeichnet, sondern durch die bunte Vielfalt eines versatzstückartig zusammengewürfelten Patchworkteppichs. Das Besondere dieser Muster besteht darin, daß sie nicht objektiv vorhanden sind, sondern durch den komponierenden Blick der betrachtenden Person allererst erzeugt werden, wobei diese sich selbst davon ununterscheidbar mit ins Gewebe einwebt. Noch einmal ROLAND BARTHES:

> *Text* heißt *Gewebe*; aber während man dieses Gewebe bisher immer als ein Produkt, einen fertigen Schleier aufgefaßt hat, hinter dem sich, mehr oder weniger verborgen, der Sinn (die Wahrheit) aufhält, betonen wir jetzt bei dem Gewebe die generative Vorstellung, daß der Text durch ein ständiges Flechten entsteht und sich selbst bearbeitet; in diesem Gewebe – dieser Textur – löst sich das Subjekt auf wie eine Spinne, die selbst in den konstruktiven Sekretionen ihres Netzes aufginge. Wenn wir Freude an Neologismen hätten, könnten wir die Texttheorie als eine *Hyphologie* definieren (*hyphos* ist das Gewebe und das Spinnennetz). (Ebd. 94)

Ausgerechnet im Land der Rationalisten und Skeptiker findet die häufig als wunderlich verschriene Stimme der mythenraunenden, bildgebenden poetischen Schwester der Philosophie wieder verstärkt Gehör.

4. Verknüpfungsarten der Fäden: Methoden

> *Wenn eine Spinne von einem festen Punkt sich her-niederstürzt in ihre notwendigen Folgen, so sieht sie fort und fort vor sich einen leeren Raum, in dem es ihr unmöglich ist, festen Fuß zu fassen, und wenn sie sich noch so sehr spreizte.*
>
> (KIERKEGAARD, *E/O I: 25*)

Philosophieren ist eine Tätigkeit, die sachverhaltsbezogen ist und die Art und Weise ihres Bezugs auf die Sache zugleich mitreflektiert. Da der Weg (met-hodos) zur Sache diese modifiziert bzw. in ihrer Eigentümlichkeit konstituiert und als bestimmten Gegenstand allererst zur Erscheinung bringt, sind methodologische Überlegungen von der Wissensgewinnung unabtrennbar. Die Frage, was man wissen will, impliziert die Frage, wie man zu diesem Wissen gelangen kann. Nur methodisch gesichertes Wissen genügt dem Anspruch auf Wissenschaftlichkeit, da die Offenlegung des Weges jedem Menschen mit entsprechender Kompetenz die Möglichkeit gibt, die von anderen gefundenen und als wahr behaupteten Resultate zu überprüfen. Indem sie Methoden kritisch erörtert und hinsichtlich ihrer Leistungsfähigkeit beurteilt, betätigt sich die Philosophie als Wissenschaftstheorie.

ARISTOTELES war einer der ersten, der der Naturwissenschaft eine klare Anweisung gab, wie sie verfahren müsse, um zu einem Wissen über die Natur zu gelangen:

Da Wissen und Verstehen bei allen Untersuchungen, in denen es Prinzipien oder Ursachen oder Grundbausteine gibt, daraus entsteht, daß man eben diese kennenlernt – denn wir sind überzeugt, dann einen jeden Gegenstand zu erkennen, wenn wir seine ersten Ursachen zur Kenntnis gebracht haben und seine ersten Anfänge und (seinen Bestand) bis hin zu den Grundbausteinen –, deshalb ist klar: Auch bei der Wissenschaft von der Natur muß der Versuch gemacht werden, zunächst die Prinzipien zu bestimmen. Es ergibt sich damit der Weg von dem uns Bekannteren und Klareren zu dem der Sache nach Klareren und Bekannteren. – Deshalb muß also auf diese Weise vorgegangen werden: Von dem der Natur nach Undeutlicheren, uns aber Klareren hin zu dem, was der Natur nach klarer und bekannter ist. Uns ist aber zu allererst klar und durchsichtig das mehr Vermengte. Später erst werden aus diesem die Grundbausteine und die Prinzipien erkannt, wenn man es auseinandernimmt. Deswegen muß der Weg vom Allgemeinen [= Komplexen] zum Einzelnen [= Teilmoment] führen. Denn nach der Sinneswahrnehmung ist immer das Ganze bekannter, das Allgemeine ist aber eine Art von Ganzem, denn es umfaßt viele Einzelmomente als seine Teile. (*Physik:* I,1; 184a)

Was ARISTOTELES an dieser Stelle erläutert, ist das analytisch zergliedernde Vorgehen, in dessen Verlauf ein komplexer Gegenstand begrifflich zerlegt und auf seine einfachen Bestandteile zurückgeführt wird. Dabei führt der Weg vom für uns Bekannteren zum an sich Bekannten. Für uns bekannter ist das, was uns die Sinne als ein noch undifferenziertes Ganzes (von ARISTOTELES hier als ein Konkret-Allgemeines bezeichnet) zeigen, z.B. ein rundes Gebilde, etwa eine Kugel. Sobald wir dieses Gebilde prädikativ zu zergliedern beginnen – z.B. Gewicht, Material, Durchmesser, Funktion etc. als seine Einzelheiten bestimmen –, nähern wir uns seinem Ansich, und schließlich erfassen wir sein abstraktes und als solches nicht wahrnehmbares, sondern nur gedachtes Prinzip, wenn wir die Formel zur Berechnung der Oberfläche von Kugeln gefunden haben.

Unter induktivem Gesichtspunkt kehrt sich das Verhältnis von Allgemeinem und Besonderem um, denn der hypothetische Beweisgang führt vom Konkret-Einzelnen zum Abstrakt-Allgemeinen in dem Sinn, daß z.B. diese bestimmte Kugel aus Messing, die ich wahrnehme, den Ausgangspunkt bildet für die Formulierung eines empirischen All-Satzes etwa der Art: Alle Gegenstände fallen aufgrund ihres Gewichts zu Boden. Die Bildung eines Naturgesetzes – hier der auf der Hypothese der Erdanziehungskraft beru-

56

henden Fallgesetze – stellt dann den Abschluß eines Be-
weisganges dar, der den allgemeinsten Sachverhalt zum
Ausdruck bringt, nämlich daß das darin Behauptete für
alle sachverhaltsrelevanten Gegenstände in gleicher Weise
gilt, wie unterschiedlich sie in concreto auch beschaffen
sein mögen.

Der induktive Weg ist für die Naturwissenschaften der
erfolgversprechendste. Er liegt jedoch nicht einfach vor
Augen, sondern muß gedanklich vorentworfen und experimentell ausprobiert werden. SCHELLING hat in diesem Zusammenhang von einer inneren Konstruktion der
Natur gesprochen, die nur unter der Voraussetzung möglich ist, daß der Mensch in die Natur einzugreifen vermag:

> Ein solcher Eingriff in die Natur heißt Experiment. Jedes Ex-
> periment ist eine Frage an die Natur, auf welche zu antworten
> sie gezwungen wird. Aber jede Frage enthält ein verstecktes
> Urteil a priori; jedes Experiment, das Experiment ist, ist Pro-
> phezeiung; das Experimentieren selbst ein Hervorbringen der
> Erscheinungen. – Der erste Schritt zur Wissenschaft geschieht
> also in der Physik wenigstens dadurch, daß man die Objekte die-
> ser Wissenschaft selbst hervorzubringen anfängt. (*Entwurf*: 24 f.)

Der Mensch stellt Natur experimentell her, erzeugt sie gewissermaßen auf eigene Kosten, nachdem es ihm in einer
nach rückwärts gewandten Rekonstruktion gelungen ist,
zu bestimmten gegebenen Wirkungen die Ursachen zu finden und diese als Ausgangsbedingungen für die Herbei-
führung einer bestimmten kausalmechanischen Abfolge zu
benutzen. So wird wissenschaftliches Experimentieren zur
Grundlage von Voraussagen über das Eintreten bestimm-
ter Wirkungen: Immer wenn A, dann B.

KARL POPPER, der sich besonders für die Logik solcher
Sätze interessierte, betonte nachdrücklich,

> daß wir den grundsätzlich hypothetischen Charakter der natur-
> wissenschaftlichen Theorien (und noch mehr der Metaphysik)
> anerkennen [müssen]. [...] *Unser Wissen ist ein kritisches Raten;
> ein Netz von Hypothesen; ein Gewebe von Vermutungen.* [...] Die

Theorie ist das Netz, das wir auswerfen, um ›die Welt‹ einzufangen – sie zu rationalisieren, zu erklären und zu beherrschen.
Wir arbeiten daran, die Maschen des Netzes immer enger zu
machen. (*Logik der Forschung:* XXIVf., 31)

Eine Theorie der Erfahrung ist für POPPER empirisch nicht
verifizierbar, weil es unmöglich ist, jeden Einzelfall, der
einem empirischen Allsatz von der Form ›Alle X sind y‹
zugeordnet wird, zu überprüfen. Insofern ist die induktive
Methode kein brauchbares Verfahren, um zu allgemeinen
Sätzen zu gelangen, die sich als schlechterdings wahr erweisen lassen. POPPER schlägt deshalb ein deduktives
Verfahren vor, demzufolge man von einem intersubjektiv
nachprüfbaren Basissatz ausgeht und diesen solange als
gut bestätigte Hypothese gelten läßt, als er nicht durch ein
Ereignis falsifiziert wird, das ihm widerspricht und ihn damit widerlegt. Basissätze haben die Form singulärer Es-
gibt-Sätze. So beinhaltet der Satz ›Alle Schwäne sind weiß‹
die Aussage: ›Es gibt nur weiße Schwäne‹ bzw. ›Es gibt
keine nichtweißen Schwäne‹. Falsifiziert wird ein solcher
Basissatz durch den Satz ›Auf der Binnenalster wurde am
4. November 1984 ein schwarzer Schwan gesehen‹ – immer vorausgesetzt, es gibt genügend Augenzeugen, die den
Sachverhalt bestätigen. Für Popper haben solche Theorien
den Vorrang, die der strengsten Prüfung Raum geben und
möglichst viele Falsifikationsversuche vorsehen. Aber die
auf vielfältige Weise an der Erfahrung überprüfbaren Basissätze gelten auch nach den durchgeführten Überprüfun-
gen nicht als verifiziert und damit als endgültig wahr, sondern nur als empirisch (noch) nicht widerlegt.

Eine Theorie heißt ›empirisch‹ bzw. ›falsifizierbar‹, wenn sie die
Klasse aller überhaupt möglichen Basissätze eindeutig in zwei
nichtleere Teilklassen zerlegt: in die Klasse jener, mit denen sie
in Widerspruch steht, die sie ›verbietet‹ – wir nennen sie die
Klasse der *Falsifikationsmöglichkeiten* der Theorie –, und die Klasse
jener, mit denen sie nicht in Widerspruch steht, die sie ›erlaubt‹.
Oder kürzer: Eine Theorie ist falsifizierbar, wenn die Klasse
ihrer Falsifikationsmöglichkeiten nicht leer ist. (Ebd. 53)

Damit hat POPPER alle Sätze, die keinen Bezug auf die Wirklichkeit haben und somit prinzipiell empirisch nicht falsifiziert werden können, als für die Naturwissenschaften bedeutungslos ausgeschieden und zugleich die These vertreten, daß unser mittels gescheiterter Falsifikationsversuche methodisch gesichertes Wissen immer vorläufig und unaufhebbar hypothetisch ist. Dennoch ist die ständige Wiederholung von Versuch und Irrtum *(trial and error)* die beste Gewähr für ein empiriegesättigtes Wissen, das bisher allen wissenschaftlichen Widerlegungsversuchen standzuhalten vermochte.

PAUL FEYERABEND hat sich im Gegensatz zu POPPER für eine »anarchistische Erkenntnistheorie« stark gemacht und sich »wider den Methodenzwang« in den Wissenschaften ausgesprochen, da er der Meinung ist, daß der einzige Grundsatz, der den Fortschritt nicht behindert, *Anything goes* (Mach, was du willst) lautet:

> Einer der auffälligsten Züge der neueren Diskussionen in der Wissenschaftsgeschichte und Wissenschaftstheorie ist ja die Erkenntnis, daß Ereignisse und Entwicklungen wie etwa die Erfindung der Atomtheorie im Altertum, die Kopernikanische Revolution, der Aufstieg der modernen Atomtheorie (kinetische Theorie, Dispersionstheorie, Stereochemie, Quantentheorie), das allmähliche Entstehen der Wellentheorie des Lichts nur deshalb stattfanden, weil einige Denker sich entweder *entschlossen*, nicht an gewisse ›selbstverständliche‹ methodologische Regeln gebunden zu sein, oder weil sie solche Regeln *unbewußt* verletzten. (*Wider den Methodenzwang:* 35)

Man kommt nach FEYERABEND eher zu neuen Resultaten, wenn man gerade nicht auf altbewährte Methoden der Hypothesenbildung und experimentellen Überprüfung zurückgreift, sondern unkonventionell auf wissenschaftliche Entdeckungsreise geht und eingedenk der mythologischen Herkunft alles Wissens alternative – insbesondere auch kontrainduktive – Wege der Forschung einschlägt.

Welches Gewicht der Hypothesenbildung zukommt, hatte schon CHARLES S. PEIRCE herausgestellt. Ihm lag daran, neben Induktion und Deduktion noch auf ein drittes elementares Schlußverfahren als Methode der Beweisführung aufmerksam zu machen, nämlich auf die von ihm so genannte Abduktion:

> Ich sage, diese drei sind die einzigen Schlußmodi, die es gibt. Ich bin davon sowohl apriori als auch aposteriori überzeugt. [Dies läuft daraus hinaus], daß die Induktion, wie Aristoteles sagt, der Schluß auf die Wahrheit des Obersatzes eines Syllogismus ist, von dem man den Untersatz wahr sein läßt und von der Konklusion findet, daß sie wahr ist, während die Abduktion der Schluß auf die Wahrheit des Untersatzes eines Syllogismus ist, von dem man den Obersatz als bereits als wahr erkannt wählt, während man von der Konklusion findet, daß sie wahr ist. Die Abduktion liefert alle unsere Ideen, die reale Dinge betreffen, und zwar über die hinaus, die uns in der Wahrnehmung gegeben sind, aber sie ist bloße Vermutung ohne Beweiskraft. Die Deduktion ist sicher, aber bezieht sich nur auf ideale Objekte. Die Induktion gibt uns die einzige annähernde Sicherheit hinsichtlich des Realen, die wir haben können. (*Pragmatismus:* 580f.)

Syllogismen sind Argumente, die aus zwei Prämissen und einer Schlußfolgerung gebildet werden. Wie die drei von Peirce unterschiedenen Schlußarten zustandekommen, zeigt ein einfaches PEIRCEsches Beispiel:

1. *Deduktion*
   Regel: Alle Bohnen aus diesem Sack sind weiß.
   Fall: Diese Bohnen sind aus diesem Sack.
   Resultat: Diese Bohnen sind weiß.
2. *Induktion*
   Fall: Diese Bohnen sind aus diesem Sack.
   Resultat: Diese Bohnen sind weiß.
   Regel: Alle Bohnen aus diesem Sack sind weiß.
3. *Abduktion*
   Regel: Alle Bohnen aus diesem Sack sind weiß.
   Resultat: Diese Bohnen sind weiß.
   Fall: Diese Bohnen sind aus diesem Sack.

Obwohl der abduktive Schluß nur zu Vermutungswissen führt, schreibt ihm PEIRCE mit Recht große Bedeutung zu, da ein großer Teil unseres alltäglichen und wissenschaftlichen Lebens im Bilden von Hypothesen besteht, die uns blitzartig zu einer Einsicht verhelfen, welche ihrerseits dann deduktiv und induktiv überprüft werden kann.

> Abduktion ist der Vorgang, in dem eine erklärende Hypothese gebildet wird. Es ist das einzige logische Verfahren, das irgendeine neue Idee einführt [...]. Die Deduktion beweist, daß etwas der Fall sein *muß*; die Induktion zeigt, daß etwas *tatsächlich* wirksam *ist*; die Abduktion vermutet bloß, daß etwas der Fall *sein mag*. [...] jedes einzelne Stück wissenschaftlicher Theorie, das heute festgegründet dasteht, ist der Abduktion zu verdanken. (Ebd. 400)

Um etwas prognostizieren zu können, ist zunächst eine Sichtung der Tatsachen im Licht des verfügbaren Wissens erforderlich. Ärzte sind daher bei der Diagnose von Krankheiten nicht weniger auf den abduktiven Spürsinn angewiesen als Detektive, die mittels Spurensicherung Indizien zusammentragen, auf deren Grundlage ein Täter ermittelt werden kann.

THOMAS S. KUHN hat sich als Wissenschaftshistoriker für die Umbrüche interessiert, die dazu führen, daß eine alte Theorie durch eine neue abgelöst wird. Er bezeichnet einen solchen revolutionären Vorgang in den Wissenschaften als Paradigmenwechsel. Ein Paradigma ist ein Erklärungsmuster, das aufgrund einer hohen Akzeptanz in der Scientific Community gleichsam standardisiert wird.

> Paradigmata erlangen ihren Status, weil sie bei der Lösung einiger Probleme, welche ein Kreis von Fachleuten als brennend erkannt hat, erfolgreicher sind als die mit ihnen konkurrierenden. Erfolgreicher sein heißt jedoch nicht, bei einem einzelnen Problem völlig erfolgreich oder bei einer größeren Anzahl bemerkenswert erfolgreich sein. Der Erfolg eines Paradigmas – sei es Aristoteles' Analyse der Bewegung, Ptolemäus' Berechnung

der Planetenstellungen, Lavoisiers Anwendung der Waage oder Maxwells Mathematisierung des elektromagnetischen Feldes – ist am Anfang weitgehend eine Verheißung von Erfolg, die in ausgesuchten und noch unvollständigen Beispielen liegt. [...] Von denen, die nicht tatsächlich Fachleute in einer ausgereiften Wissenschaft sind, erkennen nur wenige, wieviel ›Aufräumarbeit‹ solcher Art ein Paradigma übrig läßt. (*Struktur wissenschaftlicher Revolutionen:* 37 f.)

KUHN betrachtet die normale Wissenschaft »als das Lösen von Rätseln« (ebd. 49 ff.) mit Hilfe von Paradigmen, die als Theoriekonstrukte die Forschung in ihrem Fortgang leiten und zu wissenschaftlichen Ergebnissen führen, die eine befriedigende Antwort auf die von den Experten gestellten Fragen darstellen.

Eine wirksame Forschungsarbeit beginnt selten, bevor eine wissenschaftliche Gemeinschaft überzeugt ist, auf Fragen wie die folgenden gesicherte Antworten zu haben: Welches sind die Grundbausteine des Universums? Wie wirken sie aufeinander und auf die Sinne ein? Welche Fragen können sinnvoll über diese Bausteine gestellt und welche Methoden bei der Suche nach Lösungen angewandt werden? (Ebd. 19)

Solange ein Konsens unter den Experten hinsichtlich der Art und Weise besteht, wie das eine oder andere Rätsel der Welt durch wechselseitige Anpassung von Daten und Theoriemodell gelöst werden kann, und solange es beim bewährten Verfahren keine Mißerfolge gibt, besteht kein Grund sich nach substantiell neuen Methoden umzusehen. Die Irritation durch Anomalien beim Auftauchen neuer Phänomene kann jedoch in eine Krise münden, wenn das alte Paradigma versagt und der Frageüberhang zur Konzeption eines erweiterten oder komplett neuen Rasters nötigt. Um zu einem neuen Paradigma zu gelangen, das größere Erklärungskraft besitzt als das alte, ist oft eine vollständige Änderung der wissenschaftlichen Wahrnehmungs- und Experimentiergewohnheiten erforderlich, mit welcher eine grundlegende Umgestaltung der Welt einhergeht, wie es der Wandel vom geozentrischen zum heliozentrischen Weltbild beispielhaft vor Augen führt. Die Wissenschaftsgeschichte als eine Abfolge von Paradigmen ist demnach zugleich eine Geschichte der konstruktiven Selbstorientierung von Menschen in einer Welt, die sie unter verändertem Blickwinkel nach je anderen Regeln neu zu entwerfen sich genötigt sehen.

Der Begriff des Paradigmas hat auch in den Geisteswissenschaften Karriere gemacht und dazu beigetragen, die unterschiedlichen Verstehens- und Deutungsmuster geistiger, kultureller und sozialer Gebilde als ein Ensemble von Methoden zu betrachten, mittels welcher der Bereich des Menschlichen in wechselnden Fragehorizonten strukturell erfaßt und erschlossen werden kann. In der Philosophie deuten schon die Ausdrücke *kopernikanische Wende* und *linguistic turn* darauf hin, daß man von mindestens zwei revolutionären Umbrüchen in ihrer Geschichte sprechen kann, die einerseits vom ontologischen zum mentalistischen und andererseits vom mentalistischen zum linguistischen Paradigma geführt haben, von einer Philosophie der Objektivität des Seienden über eine Philosophie der Subjektivität des Bewußtseins von Gegenständen hin zu einer Philosophie sprachlicher Kontextualität.

In der Philosophie spielte die Methodenreflexion jedoch insgesamt seit jeher eine große Rolle. DESCARTES brachte das Interesse der Philosophie an gesicherter Erkenntnis auf den Punkt, indem er vier Regeln formulierte, um »die wahre Methode zu [beschreiben], die zur Erkenntnis aller Dinge führt« (*Discours:* 29):

Die erste [Regel] besagte, niemals eine Sache als wahr anzuerkennen, von der ich nicht evidentermaßen erkenne, daß sie wahr ist: d. h. Übereilung und Vorurteile sorgfältig zu vermeiden und über nichts zu urteilen, was sich meinem Denken nicht so klar und deutlich darstellte, daß ich keinen Anlaß hätte, daran zu zweifeln. Die zweite [Regel], jedes Problem, das ich untersuchen würde, in so viele Teile zu teilen, wie es angeht und wie es nötig ist, um es leichter zu lösen. Die dritte [Regel], in der gehörigen Ordnung zu denken, d. h. mit den einfachsten und am leichtesten zu durchschauenden Dingen zu beginnen, um so nach und nach, gleichsam über Stufen, bis zur Erkenntnis der zusammengesetztesten aufzusteigen, ja selbst in Dinge Ordnung zu bringen, die natürlicherweise nicht aufeinander folgen. Die letzte [Regel], überall so vollständige Aufzählungen und so allgemeine Übersichten aufzustellen, daß ich versichert wäre, nichts zu vergessen. (Ebd. 31)

Klare und deutliche Erkenntnis ist nur möglich, wenn systematisch vorgegangen wird und die Erkenntnis sich von der Logik der Sache leiten läßt. PLATON war der erste, der ein solches systematisches Prozedere als dialektisches Vorgehen charakterisierte. Formal handelt es sich dabei um ein Hin- und Hergehen zwischen Besonderem und Allgemeinem, mit dem Ziel, das Besondere als durch das Allgemeine gerechtfertigten Sachverhalt zu erweisen. Der im Linien- und Höhlengleichnis (*Politeia:* 509c–518b) bildhaft als Aufstiegsbewegung geschilderte Abstraktionsprozeß nimmt seinen Ausgang von der bloßen Sinneswahrnehmung und führt über die Common-sense-Urteile zur logisch-mathematischen Erkenntnis bis hin zur Einsicht in die Ideen als den letzten und höchsten Erkenntnisprinzipien, von welchen her wiederum auf das Besondere Bezug genommen wird, das im Licht des Allgemeinen als gültig anerkannt oder als ungültig verworfen wird. PLATON bezeichnet seine Dialektik als ein Hypothesis-Verfahren, in welchem die jeweils höhere Abstraktionsstufe als notwendige Voraussetzung für das Verständnis der vorangegangenen Stufe logisch erschlossen wird: Die Schatten setzen Gegenstände voraus, deren Schatten sie sind; die Gegenstände ihrerseits setzen raum-zeitliche, geometrische und mathematische Proportionen voraus, die für Gegenständlichkeit als solche konstitutiv sind; solche Proportionen wiederum sind Abbilder von Relationen, die zwischen den Ideen als den schlechthin apriorischen Geltungsgründen spielen. Während der mathematische Verstand auf axiomatische Setzungen als Anfänge zurückgeht, die er als solche nicht begründen kann, geht die Vernunft bis zum Voraussetzungslosen zurück – zur Idee des

Guten als Letztbedingung und unhintergehbarem Ursprung von allem:

> [...] was die Vernunft selbst ergreift mittels des dialektischen Vermögens, indem sie die Voraussetzungen nicht zu Anfängen, sondern wahrhaft zu Voraussetzungen macht, gleichsam als Zugang und Anlauf, damit sie, bis zum Voraussetzungslosen an den Anfang von allem gelangend, diesen ergreife, und so wiederum, sich an alles haltend, was mit jenem zusammenhängt, zum Ende hinabsteige, ohne sich überhaupt eines sinnlich Wahrnehmbaren zu bedienen, sondern nur der Ideen selbst an und für sich, und so bei Ideen endigt. (Ebd. 511b–c)

PLATON ging es letztlich nicht um die Rekonstruktion des Besonderen, sondern um die begrifflichen Zusammenhänge der Ideen untereinander, weil dort die Vernunft es mit ihren eigenen geistigen Gehalten zu tun hat, unbeirrt durch die Wechselfälle der empirischen Welt. HEGEL hat PLATON vorgeworfen, die sokratische Unterredung enthalte »nur negative Dialektik« (*Geschichte der Philosophie:* Werke 19, 69), insofern sie die Idee als ein Allgemeines nicht gedanklich – als Resultat der Denkbewegung – entwickelt habe, sondern bei der Entgegensetzung von Konkretem und Allgemeinem stehengeblieben sei, ohne sie in einer positiven Einheit miteinander zu vermitteln.

> [...] der Begriff der wahrhaften Dialektik ist, daß sie die notwendige Bewegung der reinen Begriffe aufzeigt, nicht als ob sie dieselben dadurch in Nichts auflöste, sondern eben das Resultat ist, daß sie diese Bewegung sind und (das Resultat einfach ausgedrückt) das Allgemeine eben die Einheit solcher entgegengesetzten Begriffe. Das vollkommene Bewußtsein über diese Natur der Dialektik finden wir nun zwar nicht bei Platon, aber sie selbst, nämlich das absolute Wesen auf diese Weise in reinen Begriffen erkannt, und die Darstellung der Bewegung dieser Begriffe. (Ebd. 62)

Weit davon entfernt, das dialektische Vorgehen »als ein subjektives Schaukelsystem von hin- und herübergehendem Räsonnement« (*Enzyklopädie:* Werke 8, 172) aufzufassen, in welchem »das tote Gebein der Logik durch den Geist zu Gehalt und Inhalt belebt werde« (*Logik:* Werke 5, 48), will HEGEL die Dialektik spekulativ betreiben und sie als die grundlegende Methode der wissenschaftlich verfahrenden Philosophie herausstellen, »denn die Methode ist das Bewußtsein über die Form der inneren Selbstbewegung ihres Inhalts« (ebd.).

Das formale Schema von These, Antithese und Synthese beinhaltet, daß in einem ersten Schritt etwas positiv behauptet wird, diese Behauptung in einem zweiten Schritt durch eine entgegengesetzte Behauptung negiert wird und in einem dritten Schritt schließlich Behauptung und Gegenbehauptung in einer beide übergreifenden Behauptung, die die Gegenbehauptung negiert, ohne die ursprüngliche Behauptung zu bestätigen, aufgehoben werden. Entscheidend ist jedoch, daß die Abfolge der gedanklichen Schritte dem Behaupteten nicht von außen übergestülpt wird, sondern sich aus der Sache heraus gleichsam von selbst entwickelt. HEGEL macht dies an einfachen Beispielen klar:

Die trivialsten Beispiele, von oben und unten, rechts und links, Vater und Sohn und so fort ins Unendliche, enthalten alle den Gegensatz in Einem. Oben *ist*, was *nicht* unten ist; oben ist bestimmt nur dies, nicht unten zu sein, und ist nur, *insofern* ein Unten ist, und umgekehrt; in der einen Bestimmung liegt ihr Gegenteil. Vater ist das Andere des Sohnes und Sohn das Andere des Vaters, und jedes ist nur als dies Andere des Andern; und zugleich ist die eine Bestimmung nur in Beziehung auf die andere; ihr Sein ist Ein Bestehen. Der Vater ist außer der Beziehung auf Sohn auch etwas für sich; aber so ist er nicht Vater, sondern ein Mann überhaupt; wie oben und unten, rechts und links auch in sich Reflektierte, außer der Beziehung etwas sind, aber nur Orte überhaupt. (*Logik:* Werke 6, 76)

Auch das berühmte Beispiel von Herr und Knecht (*Phänomenologie:* Werke 3, 145 ff.) dient der Veranschaulichung des am dialektischen Leitfaden entwickelten Gedankens einer beweglichen, in sich reflexen Bewußtseinsstruktur, hier der dynamischen Wechselbezüglichkeit von Freiheit und Unfreiheit, deren Widersprüchlichkeit es nicht zuläßt, daß der Geist sich in statischen Bestimmungen beruhigt, sondern ihn fortgesetzt zur Überwindung des Gegensatzes antreibt, bis die falsche Freiheit des Herrn und die ebenfalls falsche Unfreiheit des Knechts in einer höheren Freiheit, die beide als autonom sich selbst Bestimmende miteinander versöhnt, aufgehoben sind, doch so, daß der Gegensatz als ständiger Stachel bewahrt bleibt und die Versöhnung stets von neuem herausfordert.

KARL MARX hat das dialektische Vorgehen auf die folgende Kurzform gebracht:

> Dialektik als Wissenschaft des Gesamtzusammenhangs. Hauptgesetz: Umschlag von Quantität und Qualität – Gegenseitiges Durchdringen der polaren Gegensätze und Ineinander-Umschlagen, wenn auf die Spitze getrieben – Entwicklung durch den Widerspruch oder Negation der Negation – Spirale Form der Entwicklung. (*Dialektik der Natur:* MEW 20, 307)

Vielleicht lassen sich letztlich alle philosophischen Verfahrensweisen als dialektische Methoden charakterisieren oder auf solche zurückführen, zumindest in dem weiten Sinn, daß philosophisches Begreifen im Hin- und Hergehen zwischen Besonderem und Allgemeinem erzeugt wird. Dies kann sowohl ein analytischer als auch ein synthetischer Prozeß sein, je nachdem ob der reflektierte Gegenstand durch Untergliederung in Teilmomente oder durch Zusammensetzung seiner Teile erkannt wird; ob er im Horizont eines Begriffssystems verortet oder ob von ihm ausgehend ein Begriffssystem aufgebaut wird.

KANT hat die Philosophie als ein Experiment der Vernunft bezeichnet (*KrV:* B XIX) und damit ihren hypothetischen Charakter betont. Ob die Voraussetzung, auf welcher ein Denkmodell basiert, dieses zu begründen vermag, erweist sich erst in der fortlaufenden Prüfung der Argumente, aus denen das Ganze der Theorie besteht. Kants Hypothese, die er seiner theoretischen Philosophie zugrunde legte, war die, »daß die Vernunft nur das einsieht, was sie selbst nach ihrem Entwurfe hervorbringt« (ebd.

B XIII). Erschöpfte sich die traditionelle Metaphysik in Ermangelung einer Methode in einem blinden »Herumtappen« unter bloßen Begriffen (ebd. B XV), das nur zu Zufallsergebnissen und unbewiesenen Behauptungen führen konnte, so wollte KANT ihr die Augen öffnen für ein wissenschaftliches Vorgehen, das die Leistungskraft der zugrunde gelegten Hypothese immer wieder problematisiert.

Bisher nahm man an, alle unsere Erkenntnis müsse sich nach den Gegenständen richten; aber alle Versuche über sie a priori etwas durch Begriffe auszumachen, wodurch unsere Erkenntnis erweitert würde, gingen unter dieser Voraussetzung zunichte. Man versuche es daher einmal, ob wir nicht in den Aufgaben der Metaphysik damit besser fortkommen, daß wir annehmen, die Gegenstände müssen sich nach unserer Erkenntnis richten, welches so schon besser mit der verlangten Möglichkeit einer Erkenntnis derselben a priori zusammenstimmt, die über Gegenstände, ehe sie uns gegeben werden, etwas festsetzen soll. [...] Wenn die Anschauung sich nach der Beschaffenheit der Gegenstände richten müßte, so sehe ich nicht ein, wie man a priori von ihr etwas wissen könne; richtet sich aber der Gegenstand (als Objekt der Sinne) nach der Beschaffenheit unseres Anschauungsvermögens, so kann ich mir diese Möglichkeit ganz wohl vorstellen. (Ebd. B XVIf.)

Diese Hypothese, die den Ursprung – das Apriori – aller Erkenntnis nicht in die Dinge, sondern in die Vernunft legt, war gewagt, denn damit entfiel die Möglichkeit einer Überprüfung des Wissens an der Wirklichkeit, wenn diese nicht objektiv vorgegeben ist, sondern als gegebene immer schon vernunftgeprägt ist. Andererseits hat KANTS Annahme den Vorzug, daß die von ihm so genannte transzendentale Methode mit einer selbstkritischen Untersuchung des Vernunftvermögens beginnen kann, um nach der Analyse der Strukturen und Grenzen dieses Vermögens daran zu gehen, das Empirische, soweit es den Vorgaben der Vernunft und damit den Bedingungen der Erkennbarkeit bzw. Beurteilbarkeit entspricht, nach theoretischen, praktischen, ästhetischen und teleologischen Prinzipien zu systematisieren, d.h. die Welt der Erfahrung zu begründen, zu ordnen, zu klassifizieren.

Letztlich hat es die Vernunft immer mit sich selbst zu tun, sowohl beim vorgängigen kritischen Ausmessen ihrer Leistungsfähigkeit als auch bei der Auswertung empirischen Materials hinsichtlich der es formierenden Vernunftstrukturen. Aber auch die Vernunft ist nicht sakrosankt; auch sie bedarf der methodischen Überprüfung durch eine neutrale Instanz. Kant hat dem Rechnung getragen, indem er von einem Gerichtshof der Vernunft sprach. Dieses Forum, dessen Besonderheit darin besteht, daß die Vernunft in einem selbstkritischen Urteilsprozeß sowohl als Anklägerin, Verteidigerin, Zeugin und Richterin auftritt, sollte sämtliche Ansprüche seitens der Sinnlichkeit, des Verstandes und der empirisch-praktischen Vernunft bezüglich ihrer Rechtmäßigkeit klären, d.h. im juristischen Sinn deduzieren.

> Die Rechtslehrer, wenn sie von Befugnissen und Anmaßungen reden, unterscheiden in einem Rechtshandel die Frage über das, was Rechtens ist *(quid juris)* von der, die die Tatsache angeht *(quid facti)*, und indem sie von beiden Beweis fordern, so nennen sie den ersteren, der die Befugnis, oder auch den Rechtsanspruch dartun soll, die Deduktion. *(KrV: A 84)*

Die Vernunft, obwohl sie viele Rollen spielt und daher möglicherweise mit sich selbst in Konflikt gerät, muß die Legitimität ihrer Ansprüche ebenso argumentativ unter Beweis stellen wie die anderen erkenntnisbegründenden Vermögen, indem sie sich selbst in ihren verschiedenen Funktionen einer Kritik unterzieht und dabei ihre eigenen logischen Prinzipien – Widerspruchsfreiheit, Konsistenz und Kohärenz ihrer Argumente – in unvoreingenommener Selbstanwendung befolgt.

5. Spinn- und Kokonformen

... die Spinnen, welche in der Entwerfung ihres sym-
metrischen Gewebes kundiger und scharfsinniger sind
als alle eure Weber und Spinner ...

(DIETERICI, *Streit: 173*)

Der Mensch ist sich seiner selbst bewußt als ein Wesen, das
denkt, will, handelt, fühlt, glaubt, genießt – ohne daß
diese Aktivitäten getrennt voneinander ausgeübt werden.
Sie sind im Gegenteil vielfältig ineinander verwoben und
lassen sich nur perspektivisch differenzieren.

5.1 Denken (das Wahre)

Woher ist nu solchs gespunnen? Aus der schönen klugen
Vernunfft, die hat es gesehen in jrer finstern Latern.

(LUTHER 6, 64 b)

Denken ist eine Tätigkeit, die diskursiv, d. h. im Durchlau-
fen begrifflicher Zusammenhänge vonstatten geht. Begriffe
sind ein Erzeugnis des Verstandes, der sie bildet, um sich
etwas verständlich zu machen, indem er es rational auf-
bereitet und damit ›auf den Begriff bringt‹. Die Philosophen
als die sogenannten Meisterdenker haben stets intensiv
über das, was sie tun und womit sie es tun, nachgedacht.
Dennoch werfen GILLES DELEUZE und FÉLIX GUAT-
TARI ihnen vor, sie hätten der Tätigkeit der Begriffsschöp-
fung zu wenig Aufmerksamkeit gewidmet:

> Die Philosophen haben sich nicht genügend um die Natur des
> Begriffs als philosophischer Realität gekümmert. Sie haben es
> vorgezogen, ihn als gegebene Erkenntnis oder Repräsentation
> zu betrachten, die sich durch Vermögen zu seiner Bildung (Ab-
> straktion oder Verallgemeinerung) oder seinem Gebrauch (Ur-
> teil) erklären. Aber der Begriff ist nicht gegeben, er ist geschaf-

fen und muß geschaffen werden; er ist nicht gebildet, er setzt sich selbst in sich selbst – Selbstsetzung. Beides impliziert sich wechselseitig, da das wahrhaft Geschaffene – vom Lebewesen bis zum Kunstwerk – eben darum über eine Selbst-Setzung seiner selbst oder über einen autopoietischen Charakter verfügt, an dem man es erkennt. Je mehr der Begriff erschaffen ist, desto mehr setzt er sich. (*Was ist Philosophie:* 16f.)

Für DELEUZE und GUATTARI besteht die Tätigkeit des Philosophierens in nichts anderem als im Schaffen von Begriffen, wobei sie dieses Schaffen als ein Sich-selbst-Machen des Begriffs (Autopoiese) im Denken auffassen, aber bevor auf die Stichhaltigkeit ihrer Kritik eingegangen werden kann, soll ein Blick zurück unterschiedliche Denkansätze ins Licht rücken, die etwas zur Aufhellung des Verhältnisses von Denken, Begriff und Wahrheit beitragen.

Schon die vorsokratischen Philosophen, die noch über keine feste philosophische Terminologie verfügten, haben den Logos als kosmisches und epistemisches Prinzip deklariert, das seine Ordnungsfunktion im Weltall und in der Seele ausübt, wie HERAKLIT sagt:

Diese Weltordnung hier hat nicht der Götter noch der Menschen einer geschaffen, sondern sie war immer und ist und wird sein: immer-lebendes Feuer, aufflammend nach Maßen und verlöschend nach Maßen. Feuers Wende: zuerst Meer; des Meeres eine Hälfte Erde, die andere flammendes Wetter. [...] Das Meer zerfließt und erfüllt sein Maß nach demselben Logos, der auch galt, bevor es Erde wurde. [...] Der Seele Grenzen kannst du nicht ausloten auch wenn du gehst und jede Straße abwanderst; so tiefen Logos hat sie. (*Fragmente der Vorsokratiker:* DK B 30, 31, 45)

Während HERAKLIT den Logos als ordnungsstiftendes und wahrheitsbegründendes Prinzip auch und gerade bei den werdenden, veränderlichen Dingen am Werk sah, leugnete PARMENIDES die Wahrheit alles Werdens und ließ nur das unveränderliche »ist« als wahr gelten, wie es ihm die Göttin DIKE offenbart hatte:

Du darfst alles erfahren, sowohl der überzeugenden Wahrheit unerschütterliches Herz als auch die Meinungen der Sterblichen, in welchen keine wahre Verläßlichkeit ist. [...] Wohlan denn, ich will dir sagen [...], welche Wege des Suchens allein zu erkennen sind. Der eine: daß (etwas) ist, und daß nicht zu sein unmöglich ist, ist der Weg der Überzeugung, denn die geht mit der Wahrheit. Der andere: daß (etwas) nicht ist, und daß nicht zu sein richtig ist, der ist, wie ich dir zeigen werde, ein Pfad, von dem keinerlei Kunde kommt. Denn was nicht ist, kannst du weder erkennen – da dies unmöglich ist – noch aufzeigen. Denn es ist dasselbe [von etwas zu sagen], daß es gedacht ist und daß es ist. Man muß denken und sagen, daß Seiendes ist, denn so verhält es sich; für Nichts hingegen gilt, daß es nicht ist. (Ebd. 2, 3, 6)

Was die Göttin PARMENIDES lehrt, ist korrektes Denken und Sprechen. Die Wahrheit wird nur dort angetroffen, wo etwas als ein Selbiges sich zeigt und als solches ausgesagt wird. Was nicht ist, ist aufgrund seines Mangels an Sein bedeutungslos und kann nicht ausgesagt werden: weder als seiend, denn das wäre ein Widerspruch, noch als nichtseiend, denn das wäre ein inhaltsleerer Satz.

ARISTOTELES hat später auch die negative Behauptung eines Nichtseienden als einen formal wahren Satz zugelassen:

Zu sagen nämlich, das Seiende sei nicht oder das Nicht-Seiende sei, ist falsch; dagegen zu sagen, das Seiende sei und das Nicht-seiende sei nicht, ist wahr. Wer also ein Sein oder ein Nicht-Sein prädiziert, muß Wahres oder Falsches aussprechen. (*Metaphysik:* 1011 b26ff.) Denn wenn ein Mensch ist, ist die Aussage, nach der ein Mensch ist, wahr. Und dies läßt sich umkehren: wenn die Aussage, nach der ein Mensch ist, wahr ist, ist ein Mensch. Nun ist aber die wahre Aussage gewiß nicht der Grund dafür, daß die Sache ist. Wohl aber erscheint die Sache gleichsam als der Grund dafür, daß die Aussage wahr ist. (*Kategorien:* 14 b)

Die Priorität liegt demnach bei der Sache, ohne deren ›Sein‹ die Verbindung von Subjekt und Prädikat durch ein ›ist‹ in einem Satz gegenstandslos wäre. Aber im Satz kommt nicht die Sache selber zur Sprache, sondern ihr begrifflicher Stellvertreter:

> Die Laute, zu denen die Stimme gebildet wird, sind Zeichen der in der Seele hervorgerufenen Vorstellungen, und die Schrift ist wiederum ein Zeichen der Laute. Und wie nicht alle dieselbe Schrift haben, so sind auch die Laute nicht bei allen dieselben. Was aber durch beide an erster Stelle angezeigt wird, die einfachen Vorstellungen in der Seele, sind bei allen Menschen dieselben, und ebenso sind es die Dinge, deren Abbilder die Vorstellungen sind. (*Lehre vom Satz:* 16a)

Die denkende Seele stellt sich somit Gegenstände begrifflich vor, aber woher weiß sie, daß das von ihr Vorgestellte wirklich mit dem Gegenstand übereinstimmt und daher wahr ist? PLATON hat in seiner berühmten Wiedererinnerungslehre die Frage nach der Herkunft des auf die Weise des Begriffs Vorgestellten – der Ideen – dahingehend beantwortet, daß er die Seele nicht als ein leeres Blatt Papier betrachtete, auf dem sich die Erfahrungen im Verlauf der Zeit einschreiben, sondern als ein bereits mit Wissen ausgestattetes Denkvermögen, das sein begriffliches Instrumentarium von jenem vorgeburtlichen Aufenthaltsort am Uranos mitbringt, an welchem die Ideen einer unmittelbaren Schau zugänglich waren. Platon erklärt den Verlust dieses ursprünglichen Wissens mit der alles verdunkelnden Materialität des Leibes, der eine reine Erkenntnis der Seele erschwert, gleichwohl aber nicht verhindern kann, daß sie sich an die einst geschauten Urbilder erinnert, sobald sie mit deren Abbildern in der Empirie konfrontiert wird. Wenn sie etwas entdeckt, das als wahr, groß, symmetrisch, unendlich, gut, gerecht, gerade, schön u. a. zu beurteilen sie sich genötigt sieht, so ist dies nur deshalb möglich, weil sie im Besitz des Maßstabs in Gestalt der Idee des Wahren, Großen etc. ist. (Vgl. *Menon:* 81d–86b; *Phaidon:* 74d–e)

Diese Lehre von der Wiedererinnerung führte später zur These von den ein- oder angeborenen Ideen *(ideae innatae),* die noch DESCARTES vertreten hat:

> Von den Vorstellungen (Ideen) [...] sind die einen mir angebo-
> ren, andere erworben, wieder andere von mir selbst gemacht.
> [...] Es ist [...] ein großer Unterschied zwischen falschen Setzun-
> gen und den wahren mir angeborenen Ideen, deren erste und
> vorzüglichste die Vorstellung Gottes ist. (*Meditationen:* 67, 122)

Freilich ist mit angeborenen Ideen kein jederzeit abrufba-
res, fertiges Wissen gemeint, sondern ein Ensemble von
Prinzipien, die als notwendige Voraussetzungen des Wissens denkend erschlossen werden und insofern weder aus
der Empirie stammen können (Ergebnis von Abstraktions-
prozessen sind) noch als willkürliche Setzungen aufgefaßt
werden können. Von sensualistisch-empiristischer Seite
(u. a. von JOHN LOCKE) wurde die Annahme angeborener Ideen heftig bestritten und die Gegenthese aufgestellt:
Im Verstand ist nichts, was nicht zuvor in den Sinnen war.
Für die Gewinnung empirischer Begriffe ist dies ohne weiteres einsichtig, aber wie ein rein geistiges, nicht durch die
Sinne vermittelbares Wissen vom Allgemeinen – etwa das
mathematische Wissen oder die logischen Prinzipien (Satz
vom Widerspruch, vom zureichenden Grund etc.) – ›im‹
Verstand sein kann, ist ein Problem, das durch die These,
Regel- und Begriffssysteme seien auf konventionelle Ver-
einbarung zurückzuführen, nur unzureichend gelöst war.
Die KANTische Hypothese, bei den kategorialen Allge-
meinbegriffen handle es sich um apriorische Konstrukte,
die der Verstand ›spontan‹ aus sich selbst heraus bildet,
um die durch die Sinne gelieferten Daten zu strukturieren,
wurde von HEGEL idealistisch gewendet zu der These, daß
Begriffe wie Freiheit, Totalität, Substanz, Wesen, Wahrheit
eine wirklichkeitserzeugende Funktion haben:

> [...] die Dinge sind das, was sie sind, durch die Tätigkeit des
> ihnen innewohnenden und in ihnen sich offenbarenden Be-
> griffs. (*Enzyklopädie:* Werke 8, 313)

Wie immer die Herkunft der Ideen erklärt werden mag,
feststeht, daß solche allgemeinsten Begriffe kein empiri-
sches Korrelat haben und ihr Wahrheitsgehalt entspre-

chend nicht an der Empirie, sondern nur im Verstand selber überprüft werden kann. Sofern solche Ideen jedoch im Hinblick auf die Empirie ordnungsstiftende Leistungen erbringen und das sinnlich gegebene Material für ein Urteil, das Anspruch auf Wahrheit erhebt, begrifflich aufbereiten, stellt sich die Frage nach der Definition von Wahrheit.

Die traditionelle Adäquations- oder Korrespondenztheorie, wie THOMAS VON AQUIN sie unter Bezugnahme auf ARISTOTELES formuliert hat, besagt:

> Jede Erkenntnis aber vollzieht sich durch eine Anpassung des Erkennenden an das erkannte Ding, und zwar derart, daß die besagte Anpassung Ursache der Erkenntnis ist. [...] Das erste Verhältnis des Seienden zum Verstand besteht also darin, daß Seiendes und Verstand zusammenstimmen, welche Zusammenstimmung Angleichung des Verstandes und des Dinges genannt wird, und darin vollendet sich der Sinngehalt von »Wahres«: Dies also ist es, was »Wahres« zu »Seiendes« hinzufügt: die Gleichförmigkeit oder Angleichung eines Dinges und des Verstandes. Dieser Gleichförmigkeit folgt, wie gesagt, die Erkenntnis des Dinges. (*Von der Wahrheit:* 9)

Unklar bleibt bei dieser Definition, wie die Angleichung zustande gebracht werden soll: ob sich der Verstand der Sache anpassen muß oder ob die Sache dem Verstand anzugleichen ist; und wie kann das eine oder das andere geschehen? Letztlich geht es um eine Gewichtung des Anteils, den das Subjekt und das Objekt an der Wahrheit haben, wenn Wahrheit eine Qualität der Beziehung zwischen beiden ist. Da wir aus Erfahrung wissen, daß wir uns bezüglich einer Sache oft täuschen, gleichwohl aber nicht die Sache es ist, die uns in die Irre führt – der Stab im Wasser ist nicht wirklich gebrochen, auch wenn er uns diesen Anschein vermittelt –, liegt es an uns, wenn wir die Wahrheit verfehlen, weil wir aus unseren Wahrnehmungen falsche Schlüsse ziehen.

Dies hatte DESCARTES veranlaßt, sich Gedanken darüber zu machen, ob es etwas gibt, das über jeden Zweifel erhaben und damit schlechthin gewiß und wahr ist. Für

ihn stand von vornherein fest, daß eine solche unbezwei-
felbare Wahrheit nicht in einem Glauben, sondern nur im
Denken und mit den Mitteln des Denkens gefunden werden konnte.

> Unter Denken verstehe ich alles, was derart in uns geschieht, daß
> wir uns seiner unmittelbar aus uns selbst bewußt sind. Deshalb
> gehört nicht bloß das Einsehen, Wollen, Einbilden, sondern auch
> das Wahrnehmen hier zum Denken. (*Prinzipien der Philosophie:* 3)

Was immer der Mensch tut, das tut er denkenderweise –
auch wenn ihm dies nicht immer ausdrücklich bewußt ist.
Er bezieht alle seine Verrichtungen reflexiv auf sich als ein
seiner selbst bewußtes Ich, das darum weiß, daß es einsieht, will, phantasiert, wahrnimmt, zweifelt, sich täuscht
etc. Ohne diesen Bezug auf sich selbst als denkendes
Ich gäbe es weder ein Wissen noch ein Wissen von etwas.
Daher resümiert DESCARTES:

> Und so komme ich, nachdem ich nun alles mehr als genug hin
> und her erwogen habe, schließlich zu der Feststellung, daß die-
> ser Satz »Ich bin, ich existiere«, so oft ich ihn ausspreche oder
> in Gedanken fasse, notwendig wahr ist. (*Meditationen:* 45) Und
> indem ich erkannte, daß diese Wahrheit »ich denke, also bin
> ich« so fest und sicher ist, daß die ausgefallensten Unterstel-
> lungen der Skeptiker sie nicht zu erschüttern vermochten, so
> entschied ich, daß ich sie ohne Bedenken als ersten Grundsatz
> der Philosophie, die ich suchte, ansetzen könne. (*Discours:* 53)

Es kann keinen vernünftigen Zweifel daran geben, daß ich,
indem ich zweifle, immer schon mich selbst als ein existierendes Ich vorausgesetzt habe, dessen Denk- und Bewußt-
seinsakte von mir nicht abtrennbar sind. Diese einfache
Wahrheit genügte DESCARTES, um daraus alle übrigen
Wahrheiten abzuleiten:

> [...] so habe ich die Existenz dieses denkenden Bewußtseins als
> erstes Prinzip angenommen, aus welchem ich alles Folgende
> in der evidentesten Weise abgeleitet habe, nämlich daß es einen
> Gott gibt, der der Urheber von all dem ist, was sich in der Welt

vorfindet, und der als Urquell aller Wahrheit unseren Verstand nicht derart geschaffen hat, daß er sich in den Urteilen täuschen kann, die er über die Dinge fällt, die er in höchst klarer und distinkter Weise erfaßt. Das sind alle meine Prinzipien, deren ich mich in den immateriellen oder metaphysischen Dingen bediene, und aus ihnen leite ich in der klarsten Weise die körperlichen oder physischen Dinge ab, nämlich daß es nach Länge, Breite und Tiefe ausgedehnte Körper gibt, die mit einer Mannigfaltigkeit von Gestalten versehen sind, und die sich auf verschiedene Weise bewegen. Das sind in wenigen Worten alle Prinzipien, aus denen ich die Wahrheit der andern Dinge ableite. (*Prinzipien der Philosophie:* XXXVIII)

Während DESCARTES das Universum in einem mentalistischen Begriffssystem einfangen zu können meinte, dessen Spitze die Idee Gottes bildet, hegte NIETZSCHE große Zweifel daran, ob Begriffe überhaupt die Wahrheit verbürgen können, ob es nicht vielmehr ein grundlegender Irrtum ist, davon auszugehen, daß es uns wirklich gelingt, die Welt systematisch zu ordnen.

An dem Bau der Begriffe arbeitet ursprünglich [...] die *Sprache*, in späteren Zeiten die *Wissenschaft*. Wie die Biene zugleich an den Zellen baut und die Zellen mit Honig füllt, so arbeitet die Wissenschaft unaufhaltsam an jenem grossen Columbarium der Begriffe, der Begräbnisstätte der Anschauung, baut immer neue und höhere Stockwerke, stützt, reinigt, erneut die alten Zellen und ist vor allem bemüht, jenes in's Ungeheure aufgethürmte Fachwerk zu füllen und die ganze empirische Welt d. h. die anthropomorphische Welt hineinzuordnen. (*Wahrheit und Lüge:* KSA 1, 886)

Indem wir auf diese Weise Wissenschaft betreiben, gehen wir nach NIETZSCHE davon aus, daß wir im Begriff die Sache selbst und damit ihre Wahrheit erfassen, während wir uns doch durch Absehen vom Individuellen und Wirklichen gerade immer weiter von ihr entfernen.

Was ist also Wahrheit? Ein bewegliches Heer von Metaphern, Metonymien, Anthropomorphismen, kurz eine Summe von menschlichen Relationen, die, poetisch und rhetorisch gesteigert, übertragen, geschmückt wurden, und die nach langem Ge-

brauche einem Volk fest, canonisch und verbindlich dünken:
die Wahrheiten sind Illusionen, von denen man vergessen hat,
dass sie welche sind, Metaphern, die abgenutzt und sinnlich
kraftlos geworden sind, Münzen, die ihr Bild verloren haben
und nun als Metall, nicht mehr als Münzen in Betracht kommen. (Ebd. 881)

Jenes blutleere »Bretterwerk der Begriffe« (ebd. 888), das
der Verstand für bare Münze nimmt, hindert uns nicht nur
daran, die Wahrheit unverstellt in Augenschein zu nehmen, sondern ist auch Teil eines gewaltigen Täuschungs-
manövers der Natur, mit dem sie dem Menschen die Ab-
gründe des Lebens zu verbergen trachtet.

Was weiss der Mensch eigentlich von sich selbst! Ja, vermöchte
er auch nur sich einmal vollständig, hingelegt wie in einen er-
leuchteten Glaskasten, zu percipiren? Verschweigt die Natur
ihm nicht das Allermeiste, selbst über seinen Körper, um ihn,
abseits von den Windungen der Gedärme, dem raschen Fluss
der Blutströme, den verwickelten Fasererzitterungen, in ein
stolzes gauklerisches Bewusstsein zu bannen und einzuschlies-
sen! Sie warf den Schlüssel weg: und wehe der verhängniss-
vollen Neubegier, die durch eine Spalte einmal aus dem Be-
wusstseinszimmer heraus und hinab zu sehen vermöchte und
die jetzt ahnte, dass auf dem Erbarmungslosen, dem Gierigen,
dem Unersättlichen, dem Mörderischen der Mensch ruht, in der
Gleichgültigkeit seines Nichtwissens, und gleichsam auf dem
Rücken eines Tigers in Träumen hängend. Woher, in aller Welt,
bei dieser Constellation der Trieb zur Wahrheit! (Ebd. 877)

Jene Ideenwelt, die wir als Begriffsraster benutzen, um uns
das wahre Wesen der Dinge zu erschließen und die Welt
als ein geordnetes Ganzes vorzustellen – ist sie nur Fiktion
eines träumenden Bewußtseins, das die rohe Gewalttätig-
keit und Triebhaftigkeit seiner natürlichen Wurzeln verdrängt und sich seine eigene Wahrheit erfunden hat, um
sich die Wirklichkeit erträglich zu machen? Auf welcher
Seite befindet sich die Wahrheit – in den plan- und ziellos
verlaufenden Naturprozessen oder in den begrifflichen
Konstrukten eines denkend seine Lebenswelt entwerfen-

den Ich? Kann man letztlich überhaupt noch so säuberlich zwischen Tatsachen- und Vernunftwahrheiten trennen, wie LEIBNIZ dies tat?

> Es gibt [...] zwei Arten von Wahrheiten: Vernunftwahrheiten und Tatsachenwahrheiten. Die Vernunftwahrheiten sind notwendig, und ihr Gegenteil ist unmöglich; die Tatsachenwahrheiten sind zufällig, und ihr Gegenteil ist möglich. (*Monadologie:* § 33)

Zwar ist für die Tatsachenwahrheiten das Zeugnis der Sinne unentbehrlich, während für die Vernunftwahrheiten allein die am Widerspruchsprinzip ausgerichteten logischen Operationen von Bedeutung sind, aber wenn das Einbildungsvermögen hier wie da sich die Dinge im Dienst des Lebens zurechtlegt, scheint es nicht mehr so sicher zu sein, daß der Verstand die Wahrheit weniger irrtumsfrei erfaßt als die Sinne.

Auch andere Versuche, das Wahrheitsproblem zu klären, sind nur zum Teil befriedigend. ALFRED TARSKI war aufgefallen, »daß die Sprache, *über die* man spricht, sich mit der Sprache, *in der* man spricht, keineswegs decken muß«. (*Grundlegung der Semantik:* 351) So konnte er z.B. das berühmte Lügnerparadox lösen: ›Alle Kreter lügen immer‹ – *behauptet der Kreter Epimenides.* Wenn Epimenides die Wahrheit sagt, lügt er, denn er ist ja ein Kreter. Indem TARSKI zwischen der Semantik des Satzes auf der objektsprachlichen Ebene und dem Wahrheitswert des Satzes auf der metasprachlichen Ebene unterschied, gelang es ihm, die im Paradox formulierte semantische Antinomie nach folgendem Muster aufzulösen:

> Die Wahrheit einer Aussage wollen wir als ihre ›Übereinstimmung mit der Wirklichkeit‹ auffassen. Diese ziemlich vage Wendung [...] deuten wir folgendermaßen: wir wollen alle derartigen Sätze als gültig anerkennen wie: *die Aussage ›es schneit‹ ist dann und nur dann wahr, wenn es schneit; die Aussage ›im Jahre 1936 wird der Weltkrieg beginnen‹ ist wahr dann und nur dann, wenn im Jahre 1936 der Weltkrieg beginnen wird.* (Ebd. 353)

Entsprechend gilt für das Lügnerparadox: Die Aussage des Kreters EPIMENIDES ›Alle Kreter lügen immer‹ ist dann und nur dann wahr, wenn es zutrifft, daß alle Kreter immer lügen. Auch die Aussage ›Ich lüge jetzt‹ kann auf die gleiche Weise metasprachlich als wahr erwiesen werden: Sie ist nämlich genau dann wahr, wenn ich jetzt lüge. Aber verschafft die Logik auf diese Weise wirklich ein Wissen von der Wahrheit? Ist mit Wahrheit nicht etwas intendiert, das uns zum geheimnisvollen Wesen der Dinge führt, wie HEIDEGGER meint, der das griechische Wort für Wahrheit (a-letheia) mit ›Unverborgenheit übersetzte und die Unwahrheit als einen Akt der Verbergung, des Irregehens auffaßte.

> Die Entbergung des Seienden als eines solchen ist in sich zugleich die Verbergung des Seienden im Ganzen. In Zugleich der Entbergung und Verbergung waltet die Irre. Die Verbergung des Verborgenen und die Irre gehören in das anfängliche Wesen der Wahrheit. Die Freiheit, aus der in-sistenten Ex-sistenz des Daseins begriffen, ist das Wesen der Wahrheit (im Sinne der Richtigkeit des Vor-stellens) nur deshalb, weil die Freiheit selbst dem anfänglichen Wesen der Wahrheit, dem Walten des Geheimnisses in der Irre, entstammt. Das Seinlassen des Seienden vollzieht sich im offenständigen Verhalten. Das Seinlassen des Seienden als eines solchen im Ganzen geschieht aber wesensgerecht erst dann, wenn es zuweilen in seinem anfänglichen Wesen übernommen wird. Dann ist die Entschlossenheit zum Geheimnis unterwegs in die Irre als solche. Dann wird die Frage nach dem Wesen der Wahrheit ursprünglicher gefragt. Dann enthüllt sich der Grund der Verflechtung des Wesens der Wahrheit mit der Wahrheit des Wesens. (*Vom Wesen der Wahrheit:* 195)

HEIDEGGER versteht das Wesen verbal als *wesen* und damit als eine Aktivität: Die Wahrheit west als Freiheit, die die Dinge sein läßt, was sie sind, und sie eben dadurch offenbar macht als das, was sie sind. Wahrheit existiert mithin nur in jenem geheimnisvollen Zwischen, aus welchem das ›Subjekt‹ und das ›Objekt‹ gleichursprünglich hervorgehen, einander suchend und sich verfehlend.

Die Konsensustheorie der Wahrheit schließlich läßt nur das als wahr gelten, was im Diskurs als argumentativ begründeter Anspruch einlösbar ist. JÜRGEN HABERMAS führt aus:

Die Bedingung für die Wahrheit von Aussagen ist die potentielle Zustimmung aller anderen. Jeder andere müßte sich überzeugen können, daß ich dem Gegenstand x das Prädikat p berechtigterweise zuspreche, und müßte mir dann zustimmen können. Wahrheit meint das Versprechen, einen vernünftigen Konsensus zu erzielen. (*Wahrheitstheorien:* 219)

In einem solchen Diskurs entscheidet allein die Kraft des besseren Arguments, dessen konsenserzielende Kraft sich nicht den rhetorischen Fähigkeiten oder Überredungskünsten des Redners verdanken darf, sondern einerseits auf induktiver Bestätigung von Gesetzesannahmen beruht und andererseits mit mindestens zwei weiteren Sätzen in einen deduktiven Zusammenhang gebracht werden kann. Dabei muß die Begründungssprache, mittels welcher Erfahrungen interpretiert werden, jederzeit hinterfragt und erneuert werden können, wenn sich zeigt, daß sie den Gegenstand nicht angemessen zu problematisieren vermag. HABERMAS macht die Gültigkeit des auf diese Weise zu begründenden Wahrheitsanspruchs einer Aussage letztlich von den Bedingungen einer idealen Sprechsituation abhängig, die den Diskursteilnehmern Chancengleichheit, Redegleichheit, Wahrhaftigkeit und Reziprozität der Verhaltenserwartungen kontrafaktisch unterstellt (ebd. 255 ff.). Freilich ist diese – wie HABERMAS meint: »immer schon« – in Diskursen operativ wirksame Fiktion einer idealen Sprechsituation empirisch außerordentlich schwer zu überprüfen, da Redlichkeit und Wahrhaftigkeit durchaus vorgetäuscht sein können, so daß der am Ende erzielte Konsens nur scheinbar vernünftig ist, während der Diskurs de facto im Dienst privater interessegeleiteter Bestrebungen manipuliert und mittels geschickter Verschleierungstaktiken inszeniert wird.

5.2 Wollen (das Gute; Glück)

Spinne am Morgen: Kummer und Sorgen. Spinne am Abend: erquickend und labend.

(Sprichwort)

Daß wir etwas wollen, ist uns ebenso vertraut wie unser Denken. Fast könnte man sagen, daß alle unsere Verrichtungen letztlich auf ein Wollen zurückgehen, das sich in – eigenen oder fremden – Wünschen, Begehrungen, Absichten, Bedürfnissen, Neigungen zum Ausdruck bringt. Wollen ist zielgerichtet, auf Erfüllung durch das Gewollte aus, und damit ein Streben, das das Erstrebte als etwas Gutes intendiert. Daher sagt ARISTOTELES: »Gut ist das, wonach alles strebt.« (*Nikomachische Ethik:* I, 1; 1094 a3) Streben ist dadurch definiert, daß es sich auf ein Gut als sein Ziel richtet und im Erreichen dieses Guts seine Befriedigung findet. Nach etwas Bösem zu streben ist für das antike Denken nicht vorstellbar, denn auch das Böse wird ja von dem Betreffenden als etwas für ihn Gutes begehrt. In dem Fall bedarf es der Aufklärung über das Gute, um den falsch Strebenden aus seinem Irrtum zu befreien und ihm zu zeigen, daß er, indem er etwas Böses will, nicht eigentlich *strebt*, sondern vor dem Guten *flieht*.

In der christlichen Sündenfall-Lehre bekommt das Böse eine neue Qualität, insofern es nicht mehr als ein mißverstandenes, gleichsam versehentlich erstrebtes und deshalb verfehltes Gutes, sondern als radikale Leugnung des als das Gute Eingesehenen begriffen wird. Indem der Mensch Gott verneint und sein eigenes Wollen dem göttlichen überordnet, setzt er den Maßstab des Guten außer Kraft und erkennt das Widergöttliche als das schlechthin Begehrenswerte an. Damit ist das Böse um des Bösen willen ausdrücklich gesetzt – als ein Zielhorizont, der den menschlichen Entwurf von Freiheit neu vermißt und absteckt.

Waren für ARISTOTELES die als erstrebenswert geltenden Ziele im kosmischen und politischen Raum vorgegeben, so daß sich die Freiheit des einzelnen darauf beschränkte, das für ihn richtige Ziel zu ergreifen und dieses mit den ihm zur Verfügung stehenden Mitteln auf die bestmögliche Weise zu verfolgen, so verändert sich das Freiheitsverständnis im Gefolge des Christentums dahingehend, daß nun auch die Ziele als solche qualitativ neu bestimmt werden, insofern sie nicht als in bewährter Praxis vorgegebene, bereits gerechtfertigte Muster guten Handelns nur ergriffen zu werden brauchen, sondern durch menschliche Willensfreiheit allererst hervorgebracht und bestätigt werden müssen. Das Ziel qualifiziert nicht mehr das Wollen als gut, sondern das Wollen qualifiziert das Ziel. Und das Wollen seinerseits erweist sich durch die Art und Weise, wie es will, als gut oder böse.

Die im Mittelalter aufgeworfene Frage, wie es um die Willensfreiheit des Menschen bestellt ist, wenn er das Gute nicht frei wählen kann, sondern von Gott vorgeschrieben bekommt, was er wollen soll, wurde als das Problem des *liberum arbitrium* diskutiert. AUGUSTINUS hat keine Schwierigkeiten mit der Vorstellung, daß Gott den Menschen mit einem freien Willen geschaffen hat, ohne damit das Wollen bereits determiniert zu haben. Der Mensch kann sich für das Böse entscheiden und erweist sich eben dadurch in seinem Wollen als frei. Dennoch scheint er aber nur dann wirklich frei zu sein, wenn er sich dem göttlichen Willen unterwirft, indem er sich entscheidet, das Gute zu wollen, weil Gott es will, nicht weil er selbst es will.

> Volle Willensfreiheit besteht also dann, wenn der Wille den Fehlern und Sünden nicht dient. Der gute Wille also ist Gottes Werk, denn der Mensch ist mit ihm von Gott geschaffen. [...] Der erste böse Wille aber, der allen bösen Werken im Menschen voraufging, war mehr Abfall vom Werke Gottes zu eigenen Werken als selbst ein Werk, und darum sind es böse Werke, weil der Mensch sie nach sich selber tut und nicht nach Gott. (*Gottesstaat:* XIV, 11: 180, 179)

Wenn der Mensch aber die Freiheit zum Bösen besitzt, ergibt sich die später von LEIBNIZ so genannte Theodizeeproblematik, die Frage nämlich, wie Gott angesichts des

Bösen in der Welt davon freigesprochen werden kann, Urheber oder wenigstens Miturheber dieses Bösen zu sein. Für AUGUSTINUS steht fest, daß im »ersten bösen Wollen« des gefallenen Engels (ebd. 209) das radikal Widergute gewählt wurde, das eine Rückkehr zum Guten ausschließt. Die Wahl, durch die Luzifer zum Teufel wurde, hat demnach die Aufhebung der Wahlfreiheit zur Folge; übrig bleibt allein die Freiheit zum Bösen, die aufgrund des Fehlens jeglicher Alternative keine wahre Freiheit mehr ist.

Die Kontroverse um die Willensfreiheit zog sich durch das ganze Mittelalter hindurch und fand im Streit zwischen LUTHER und ERASMUS von Rotterdam ihr vorläufiges Ende. Während LUTHER die These vom unfreien Willen *(De servo arbitrio)* aufstellte und dem Menschen eine durch und durch verderbte Natur unterstellte, die ihn unfähig mache, das Gute zu wollen, hielt ERASMUS unter Berufung auf die Bibel daran fest, daß der Mensch eine »Beweglichkeit des Willens nach zwei Seiten« (*De libero arbitrio:* 37) besitze und deshalb frei sei, weil anders ihm die Entscheidung für das Böse nicht als Sünde angerechnet werden und er Gott gegenüber mit Recht klagen könnte: Warum strafst du mich für etwas, das nicht in meiner Hand liegt? (Ebd. 167) Für das Böse ist der Mensch allein verantwortlich, wohingegen beim Wollen des Guten die göttliche Gnade mit im Spiel ist:

[...] das Herz wird einzig von der Gnade dazu gebracht, auszuführen, was es gedacht hat. In der Mitte, d. h. bei der Zustimmung, aber handelt zugleich die Gnade und der menschliche Wille, doch so, daß die grundlegende Ursache die Gnade ist, die weniger grundlegende aber unser Wille. Weil aber das Ganze einer Sache jenem zugeschrieben wird, was alles zur Ausführung gebracht hat, ist es nicht möglich, daß der Mensch irgendetwas von einem guten Werk für sich in Anspruch nimmt, weil gerade das, daß er imstande ist, der göttlichen Gnade zuzustimmen und mit ihr zusammenzuwirken, ein Geschenk Gottes ist. (Ebd. 143)

Blendet man den theologischen Hintergrund im Problem der Willensfreiheit aus, so gelangt man zum neuzeitlichen

Begriff eines Wollens, das sich aus eigener Kraft als gut qualifiziert. So formuliert KANT:

> Es ist überall nichts in der Welt, ja überhaupt auch außer derselben zu denken möglich, was ohne Einschränkung für gut könnte gehalten werden, als ein GUTER WILLE. Verstand, Witz, Urteilskraft und wie die *Talente* des Geistes sonst heißen mögen, oder Mut, Entschlossenheit, Beharrlichkeit im Vorsatze als Eigenschaften des *Temperaments* sind ohne Zweifel in mancher Hinsicht gut und wünschenswert; aber sie können auch äußerst böse und schädlich werden, wenn der Wille, der von diesen Naturgaben Gebrauch machen soll und dessen eigentümliche Beschaffenheit darum *Charakter* heißt, nicht gut ist. Mit den *Glücksgaben* ist es ebenso bewandt. Macht, Reichtum, Ehre, selbst Gesundheit und das ganze Wohlbefinden und Zufriedenheit mit seinem Zustande unter dem Namen der *Glückseligkeit* machen Mut und hierdurch öfters auch Übermut, wo nicht ein guter Wille da ist, der den Einfluß derselben aufs Gemüt und hiermit auch das ganze Prinzip zu handeln berichtige und allgemein zweckmäßig mache [...]. Der gute Wille ist nicht durch das, was er bewirkt oder ausrichtet, nicht durch seine Tauglichkeit zu Erreichung irgend eines vorgesetzten Zweckes, sondern allein durch das Wollen, d. i. an sich gut, [...] als etwas, das seinen vollen Wert in sich selbst hat. (*Grundlegung:* AA 4, 394)

Ein aus sich guter Wille, der das Gute kraft seines Wollens ursprünglich hervorbringt, ist ein autonomer Wille, der sich aus Freiheit und um der Freiheit willen selbst ein Gesetz gibt, ein Gesetz, das seinerseits Freiheit als das Gute gebietet. Die gesetzgebende Instanz im Willen heißt bei KANT nicht Gott, sondern praktische Vernunft. Sie ist letztlich nichts anderes als der gute Wille selber, sofern er sich über die Bedingung seines Gutseins aufklärt und erkennt, daß die ihm von der Vernunft als unbedingt gesollt aufgegebene Freiheit eben jenes Gute ist, das er immer schon will.

Wäre der Mensch ein reines Vernunftwesen, könnte es keinen Konflikt zwischen Wollen und Sollen geben, da Vernunft und Wille, indem sie gemeinsam das Freiheitsprinzip als unhintergehbare Bedingung des Guten bejahen, am selben Strick ziehen:

> Der Wille, dessen Maximen notwendig mit den Gesetzen der
> Autonomie zusammenstimmen, ist ein *heiliger*, schlechterdings
> guter Wille. (Ebd. 439)

Da der Mensch jedoch als Bedürfniswesen auch einen empirischen Willen besitzt, dessen handlungsanweisende Regeln (Maximen) die Verfolgung von Zwecken gebieten, die der Befriedigung von in der naturalen Ausstattung angelegten und insofern nicht frei gewählten Interessen dienen, kann es zu Konflikten in der Willensbildung kommen. Hatte ARISTOTELES das Gute und das Glück noch zusammendenken können, indem er davon ausging, daß das zur Tugend verfestigte Streben nach dem Guten – als gelingender Entwurf einer sittlichen Lebensform – zugleich ein Auslangen nach Glück ist, fallen bei KANT das Streben nach dem Guten und das Streben nach Glück auseinander und spalten den Willen in einen vernünftigen (freien/autonomen) und einen empirischen (unfreien/heteronomen).

Nicht durch das, *was* er will, sondern durch die Art und Weise, *wie* er will, unterscheidet sich der Mensch von anderen Lebewesen, mit denen er zwar seine durch sinnlich-leibliche Bedürfnisse fremdbestimmte Natur teilt, aufgrund seines Wissens um diese Abhängigkeit aber imstande ist, sein Begehren durch Maximen selbst zu regeln, anstatt sich der Orientierung durch Instinkte überlassen zu müssen.

Im menschlichen Willen konkurriert nach KANT das naturwüchsige Streben nach Glück, das auf individuelle Bedürfnisbefriedigung zielt, mit dem sittlichen Bestreben, vernünftig zu handeln, d.h. das Gute um des Guten willen, aus Freiheit zu tun. Da die Würde des Menschen in der freien Selbstbestimmung liegt, kommt dem Freiheitsprinzip der unbedingte Vorrang vor dem Glücksprinzip zu. Das Freiheitsprinzip nötigt den einzelnen dazu, die Regeln, nach denen er gewohnheitsmäßig handelt – seine Maximen –, daraufhin zu überprüfen, ob sie sich verallgemeinern lassen und damit dem Anspruch der Vernunft genügen. So lautet denn der kategorische Imperativ:

handle nur nach derjenigen Maxime, durch die du zugleich wollen
kannst, daß sie ein allgemeines Gesetz werde. (Ebd. 421)

Freiheit ist nie nur meine Freiheit, sondern etwas, das *prin-*
zipiell in jedem Menschen – wie eingeschränkt auch immer
seine Möglichkeiten der Selbstbestimmung *faktisch* sein
mögen – zu achten ist. Daher muß ich meine Willensbil-
dungsprozesse durch die praktische Vernunft als Kontroll-
instanz begleiten lassen, die mir stets »die Idee *des Willens*
jedes vernünftigen Wesens als eines allgemein gesetzgebenden Wil-
lens« (ebd. 431) vor Augen hält und mir damit die Rolle
eines Gesetzgebers zuweist, der die menschliche Praxis
durch Regeln der Freiheit strukturiert, die jedes Vernunftwesen gerade deshalb, weil es auch ein Naturwesen ist, als
verbindlich anerkennen muß.

> Alle Maximen werden nach diesem Prinzip verworfen, die mit
> der eigenen allgemeinen Gesetzgebung des Willens nicht zu-
> sammen bestehen können. Der Wille wird also nicht lediglich
> dem Gesetze unterworfen, sondern so unterworfen, daß er
> auch als *selbstgesetzgebend* und eben um deswillen allererst dem
> Gesetze (davon er selbst sich als Urheber betrachten kann) un-
> terworfen angesehen werden muß. (Ebd.)

SØREN KIERKEGAARD hat den Konflikt zwischen naturalen und vernünftigen Ansprüchen im menschlichen
Willen existentiell gewendet und die These vertreten, daß
gleichsam der ›erste‹ Gebrauch der Freiheit darin besteht,
die Kategorien Gut und Böse als ethischen Bezugsrahmen
zu wählen, innerhalb dessen alle Entscheidungen selbst-
verantwortlich zu treffen sind. Vor dieser Grundwahl existiert das Individuum als »ästhetisches Selbst«, d.h. als
ein reines Sinnen- und Genußwesen, das sich in seinem
Wollen ausschließlich durch die Ansprüche seiner Natur
bestimmen läßt und damit »ein Spielzeug für die Launen
seiner Willkür« ist. (*E/O II:* 275) Die ästhetische Lebensform ist aufgrund des Fehlens von Freiheit untermenschlich, und diese Einsicht stellt das Selbst vor die Wahl, entweder hinter seinen Möglichkeiten zurückzubleiben oder
sich als »ethisches Selbst« zu begründen.

Mein Entweder/Oder bezeichnet zuallernächst nicht die Wahl zwischen Gut und Böse, es bezeichnet jene Wahl, mit der man Gut und Böse wählt, oder Gut und Böse abtut, [d.h.] daß man das Wollen wählt. [...] Das Gute ist dadurch, daß ich es will, und sonst ist es gar nicht. Dies ist der Ausdruck für die Freiheit. [...] Durch diese Wahl wähle ich eigentlich nicht zwischen Gut und Böse, sondern ich wähle das Gute; indem ich aber das Gute wähle, wähle ich eben damit die Wahl zwischen Gut und Böse. Die ursprüngliche Wahl ist ständig zugegen in einer jeden folgenden Wahl. (Ebd. 180, 238, 232f.)

Das Wollen wählen bedeutet demnach: sich im Akt der Selbstbestimmung für die Freiheit zu entscheiden und die ethische Verpflichtung gegenüber sich selbst und den Mitmenschen dem Glück des sinnlichen Genusses vorzuziehen. Ebensowenig wie bei KANT auf die Ansprüche des Naturwesens verzichtet wird, geht bei KIERKEGAARD das ästhetische Selbst verloren. Es wird vielmehr in den Horizont des Ethischen einbezogen, indem sich das Selbst im Streben nach dem Guten auf sich selbst zurückwendet und gemäß den Kategorien des Guten und Bösen beurteilt. Naturwüchsiges Wollen als nicht frei gewähltes Wollen wird auf diese Weise ethisch qualifiziert und in den Dienst der Freiheit gestellt, aus deren Perspektive die Bejahung von Unfreiheit als böse verworfen werden muß.

Diese Auffassung vom Wollen hat ARTHUR SCHOPENHAUER im Unterschied zu KIERKEGAARD, der die ethische Selbstwahl religiös fundiert, indem er ihr ein sie ermöglichendes Gottesverhältnis zugrunde legt, durch eine metaphysische Weltsicht zu stützen versucht. Die Welt ist nichts anderes als die Objektivation eines blinden, irrationalen Willens, der sich in allen organischen Entwicklungen als bloßer Drang zum Leben ohne Zweck und Ziel äußert.

Bisher subsumierte man den Begriff *Wille* unter den Begriff *Kraft:* dagegen mache ich es gerade umgekehrt und will jede Kraft in der Natur als Wille gedacht wissen. [...] Die Teile des Leibes müssen deshalb den Hauptbegehrungen, durch welche der Wille sich manifestiert, vollkommen entsprechen, müssen der sichtbare Ausdruck derselben sein: Zähne, Schlund und Darmkanal sind der objektivierte Hunger; die Genitalien der objektivierte Geschlechtstrieb; die greifenden Hände, die raschen Füße entsprechen dem schon mehr mittelbaren Streben des Willens, welches sie darstellen. Wie die allgemeine menschliche Form dem allgemeinen menschlichen Willen, so entspricht dem individuell modifizierten Willen, dem Charakter des einzelnen die individuelle Korporisation. (*Welt als Wille:* I, 172, 168)

Nur der Mensch vermag die Welt auf ihr Prinzip hin zu durchschauen und seinem Leiden an der Grausamkeit der auch im Menschen selber blind wütenden Naturkräfte etwas entgegenzusetzen: sein Mitleid mit der gequälten Kreatur und seine Verneinung des Willens zum Leben.

An der Gewalt, mit welcher der Böse das Leben bejaht und die sich ihm darstellt an dem Leiden, welches er über andere verhängt, ermißt er die Ferne, in welcher von ihm das Aufgeben und Verneinen eben jenes Willens, die einzig mögliche Erlösung von der Welt und ihrer Qual sieht. [...] hingegen [wird] jene beschriebene Erkenntnis des Ganzen, des Wesens der Dinge an sich, zum *Quietiv* alles und jedes Wollens. Der Wille wendet sich nunmehr vom Leben ab: ihm schaudert jetzt vor dessen Genüssen, in denen er die Bejahung desselben erkennt. Der Mensch gelangt zum Zustande der freiwilligen Entsagung, der Resignation, der wahren Gelassenheit und gänzlichen Willenslosigkeit. [...] Ihn kann nichts mehr ängstigen, nichts mehr bewegen: denn alle die tausend Fäden des Wollens, welche uns an die Welt gebunden halten und als Begierde, Furcht, Neid, Zorn uns hin und her reißen, unter beständigem Schmerz, hat er abgeschnitten. (Ebd. 500, 513, 530f.)

In dieser allem Begehren entsagenden asketischen Lebensform gewinnt der Mensch nach SCHOPENHAUER seine Freiheit von den Umtrieben der Natur und beruhigt sich in einem Zustand, den er selbst gewählt hat, um der Sinnlosigkeit eines chaotischen Kräftespiels zu entgehen, in dem er nur Getriebener ist.

NIETZSCHE, der sich anfangs als Schüler SCHOPEN-HAUERS verstand, hat dessen These einer aller Dynamik

des Werdens zugrunde liegenden Willensstruktur über-
nommen, aber das Leiden daran positiv gewendet als Anstoß zur ständigen Selbstüberwindung, um dadurch seiner
selbst immer mächtiger zu werden.

> Wo ich Lebendiges fand, da fand ich Willen zur Macht; und noch
> im Willen des Dienenden fand ich den Willen, Herr zu sein. (*Z:*
> KSA 4, 147 f.)
> [...] genug, man muss die Hypothese wagen, ob nicht überall,
> wo »Wirkungen« anerkannt werden, Wille auf Wille wirkt –
> und ob nicht alles mechanische Geschehen, insofern eine Kraft
> darin thätig wird, eben Willenskraft, Willens-Wirkung ist. – Ge-
> setzt endlich, dass es gelänge, unser sammtes Triebleben als
> die Ausgestaltung und Verzweigung Einer Grundform des Wil-
> lens zu erklären – nämlich des Willens zur Macht, wie es *mein*
> Satz ist –; gesetzt, dass man alle organischen Funktionen auf die-
> sen Willen zur Macht zurückführen könnte und in ihm auch
> die Lösung des Problems der Zeugung und Ernährung – es ist
> Ein Problem – fände, so hätte man damit sich das Recht ver-
> schafft, *alle* wirkende Kraft eindeutig zu bestimmen als: *Wille zur
> Macht*. Die Welt von innen gesehen, die Welt auf ihren »intel-
> ligiblen Charakter« hin bestimmt und bezeichnet – sie wäre
> eben »Wille zur Macht« und nichts ausserdem. – (*Jenseits von
> Gut und Böse:* KSA 5, 55)

Eingebunden in dieses Kräftepotential des Willens zur
Macht, gilt es für den Menschen nicht, sich diesem zu ent-
ziehen, sondern es fruchtbar zu machen für die Steigerung
des Lebens im Schaffen des Übermenschen, der aus der
Überwindung des christlichen Menschenbildes hervorgehen soll.

> Also lehre ich und werde deß nicht müde: der Mensch ist etwas,
> das überwunden werden muß: denn siehe, ich weiß, daß er über-
> wunden werden *kann* – ich schaute ihn, den Übermenschen.
> [...] das aristokratische Prinzip sich selber steigernd erfindet
> immer eine höhere Art unter den Höheren. Der Mächtige wird
> immer mehr zu dem *Seiner-selbst-Mächtigen*, Kraftausströmen-
> den: man sieht, daß die Vornehmheit viele Grade hat – und
> etwas im Einzelnen selbst *Wachsendes* ist. [...] Das *einzige* Glück
> liegt im Schaffen: ihr Alle sollt mitschaffen und in jeder Hand-

lung noch dies Glück haben! [...] Der Trieb zur Zeugung, zum Zwecke, zur Zukunft, zum Höheren – das ist die Freiheit in allem Wollen. Nur im Schaffen gibt es Freiheit. (*Nachlaß:* KSA 10, 581, 277, 135, 403)

Es versteht sich von selbst, daß für NIETZSCHE Gut und Böse weder religiös noch ethisch im traditionellen Sinn begründbar sind, sondern Kategorien eines eminent moralischen Freiheitsverständnisses, das aus dem Bösen heraus sein Gutes und umgekehrt erzeugt. »Aber es ist mit dem Menschen wie mit dem Baume. Je mehr er hinauf in die Höhe und Helle will, um so stärker streben seine Wurzeln erdwärts, abwärts, in's Dunkle, Tiefe, – in's Böse.« (*Z:* KSA 4, 51) NIETZSCHE verbindet mit Gut und Böse keine kollektive ethische Bedeutung mehr, sondern die Qualität eines individuellen Selbstwerdens, das der Gegensätze bedarf, um sich höher zu entwickeln.

Den analytischen Philosophen des 20. Jahrhunderts ist die Rede vom Willen, von der Willensfreiheit, vom Guten suspekt geworden. Ausgehend vom alltagssprachlichen Gebrauch, machen sie darauf aufmerksam, daß Wörtern wie »Wille« oder »wollen« nichts empirisch Beobachtbares entspricht bzw. daß solche Wörter keine am Sprachgebrauch überprüfbare Bedeutung haben. So moniert GILBERT RYLE:

> Nie sagt jemand, er sei um zehn Uhr vormittags damit beschäftigt gewesen, dieses oder jenes zu wollen, oder er habe fünf schnelle und leichte und zwei langsame und schwere Willensakte zwischen Frühstück und Mittagessen ausgeführt. (*Begriff des Geistes:* 81)

Darauf könnte man natürlich erwidern, daß auch niemand sagen würde, er habe den Frühstückskaffee mit einem Liter H_2O zubereitet oder die Formel für die Gravitationsgesetze benutzt, um zu erklären, daß beim Staubwischen die Vase zu Bruch gegangen ist. Man könnte ja annehmen, daß »Wille« ein definierbarer Ausdruck der ethischen Wissenschaftssprache ist, der wie das Wort »Arbeit« in der Physik einen empirischen Vorgang nicht auf der objektsprachlichen Ebene darstellt, sondern auf der Metaebene beschreibt. Andererseits ist der normale Sprachgebrauch in der Tat aufschlußreich, wie R Y L E anhand der Frage ›freiwillig oder unfreiwillig?‹ erläutert, womit gemeint sein kann: Hat er es absichtlich oder versehentlich getan, oder ist es ihm zugestoßen? (Ebd. 95) Für G E O R G E E D W A R D M O O R E macht die Rede vom freien Willen durchaus Sinn, etwa wenn wir annehmen,

> daß wir oft wirklich anders gehandelt haben würden, wenn wir anders gewollt hätten. [...] Das Problem des freien Willens stellt sich somit als die Frage, ob wir uns jemals für etwas hätten entscheiden können, für das wir uns de facto nicht entschieden haben, oder jemals für etwas entscheiden können, für das wir uns de facto nicht entscheiden. (*Grundprobleme:* 129f.)

M O O R E S sprachanalytische Klärungen sollen in erster Linie dazu beitragen, jenen Irrtum zu vermeiden, den er als »naturalistischen Fehlschluß« bezeichnet hat (vgl. *Principia ethica:* Kap. 1, 29ff.). Wenn »gut« (ebenso wie »gelb«) ein einfacher Begriff ist, dann läßt er sich nicht definieren, denn definieren kann man nur komplexe Begriffe, die analytisch in Teile zerlegbar sind, wie z.B. »Pferd« (*ist* vierbeinig, wiehernd usf.) oder »das Gute« (*ist* Lust, Intelligenz usf.). Jeder Versuch, »gut« zu definieren, scheitert daran, daß etwas Einfaches nicht mehr unterteilt werden kann. Aber es ist nach M O O R E auch nicht möglich, die *Bedeutung* von »gut« durch ein anderes Wort, das eine natürliche Eigenschaft bezeichnet, wiederzugeben, indem man sagt, »gut *bedeute* »lustvoll« oder »begehrt« oder »gewollt«. Wie vorher auf der Seinsebene geschieht hier auf der Bedeutungsebene eine unzulässige Identifizierung der einfachen, nichtempirischen Qualität »gut« mit einer natürlichen Eigenschaft. Wer behauptet, »gut« *ist* dasselbe wie »lustvoll« etc. begeht ebenso den naturalistischen Fehlschluß wie derjenige, der behauptet, »gut« *bedeute* dasselbe wie »lustvoll« etc.

Sind [...] Gutsein und Gewolltwerden *nicht* identisch, so kann hinsichtlich der Verknüpfung der beiden höchstens festgestellt werden, daß das, was gut ist, immer *auch* auf bestimmte Art gewollt wird, und das, was auf bestimmte Art gewollt wird, immer *auch* gut ist. [...] Wenn andererseits Auf-bestimmte-Art-gewollt-Werden mit Gut-sein *identisch* wäre, dann allerdings dürften wir unsere ethischen Untersuchungen mit der Erforschung dessen, was auf die geforderte Art gewollt wird, beginnen. Daß Metaphysiker ihre Untersuchungen so beginnen, zeigt doch wohl eindeutig, daß sie von der Vorstellung beeinflußt sind, »Gutheit« sei *identisch* mit »gewollt werden«. Sie erkennen nicht, daß die Frage »Was ist gut?« von der Frage »Was wird auf bestimmte Art gewollt?« *verschieden* ist. [...] Genaugenommen besagt die Feststellung [daß das gemeinsame Merkmal des Guten darin bestehe, einen Wunsch zu befriedigen] offensichtlich, daß gute Dinge kein gemeinsames Merkmal haben, außer daß sie einen Wunsch befriedigen – also nicht einmal, daß sie gut sind. Das kann aber nur der Fall sein, wenn gut sein *identisch* ist mit einen Wunsch befriedigen, wenn »gut« bloß ein anderer Name für »wunsch-befriedigend« ist. Ein einfacheres Beispiel für den naturalistischen Fehlschluß könnte es nicht geben. (Ebd. 197, 199f.)

MOORE beharrt darauf, daß »gut« nichts anderes als »gut« bedeute, und verweist an eine moralische Intuition, mittels welcher wir unmittelbar verstehen, was damit gemeint ist.

Das Glück, das ARISTOTELES noch unbefangen mit dem Guten ineins setzen konnte, da das sittliche Streben, sofern es das Gute um seiner selbst willen begehrt, eine geglückte Weise menschlicher Selbstverwirklichung ist, spielt in der Geschichte der Ethik eine umstrittene Rolle. Glück ist zwar als Zustand, in dem alles nach Wunsch und Wille geht (KANT), jederzeit begehrt, aber ethisch macht es einen Unterschied, ob es sich um ein Glück *(fortuna)* handelt, das mir unverdient und unverhofft in den Schoß fällt (Glück haben), um ein Glück *(felicitas)*, an dessen Zustandekommen ich wesentlich beteiligt bin (sein Glück machen), oder schließlich um eine Glückseligkeit *(beatitudo)*, die sich als innere Zufriedenheit im Zusammenhang mit einem im ganzen gelungenen Lebensentwurf einstellt.

Obwohl die meisten Menschen glücklich sein wollen, scheint das Glück ein unsicherer Kandidat zu sein, da es sich dem direkten Zugriff entzieht und sich oft nicht einmal dann einstellt, wenn das Ziel erreicht wurde, durch das man glücklich zu werden hoffte. Vielleicht hat SIGMUND FREUD recht, wenn er meinte, »die Absicht, daß der Mensch glücklich sei, [ist] im Plan der ›Schöpfung‹ nicht enthalten« (*Unbehagen:* Werke 14, 434). Die Kränkung des narzißtischen Ich, dem die Befriedigung seines ursprünglichsten und tiefsten Wollens – das Begehren der Mutter bzw. des Vaters – verweigert wird, sei ein solches Unglück, daß alle moralischen und religiösen Sublimierungsanstrengungen es nicht zu heilen vermögen.

5.3 Handeln (das Rechte)

> *Höhere Geister sehen die zarten Spinneweben einer Tat durch die ganze Dehnung des Weltsystems laufen und vielleicht an die entlegensten Grenzen der Zukunft und Vergangenheit anhängen – wo der Mensch nichts, als das in freien Lüften schwebende Faktum sieht.*
>
> (SCHILLER: *Fiesco, Vorrede*)

Denken, Wollen und Handeln lassen sich im menschlichen Seinsvollzug nicht voneinander trennen. Ein Wollen, das seine Ziele nicht mit Hilfe der praktischen Vernunft reflektiert, ist blinder Trieb. Ein Wollen, das sich nicht des Verstandes bedient, um sich über die besten Mittel zur Erreichung des Gewollten in einer gegebenen Situation zu orientieren, erschöpft sich in ohnmächtigem Begehren. Ein Handeln ohne Ziel- und Mittelvorgabe sinkt zum bloßen Agieren herab. Und ein Denken schließlich, das ohne Bezug auf ein Wollen und Handeln in sich verbleibt, ist ein realitätsferner intellektueller Vollzug.

In dem Wort »Handlung« steckt das Wort »Hand«, was darauf hinweist, daß die praktische Umsetzung des in Form von Plänen, Projekten, Entwürfen konkretisierten Wollens durch ›Anpacken‹, also durch ein handgreifliches Tun erfolgen soll. Die Planung und Durchführung der Handlungsabläufe richtet sich einerseits nach dem Gewollten, das als Zielvorstellung in das Projekt eingegangen ist, und andererseits nach den materiellen Gegebenheiten, die unter Umständen zu einer Modifikation des ursprünglich Intendierten zwingen, da die Handlung andernfalls nicht durchführbar wäre. Die Beispiele hierfür sind Legion: Ob beim Bau eines Hauses aufgrund der Bodenbeschaffenheit andere Materialien verwendet werden müssen als anfangs vorgesehen, ob eine Reise wegen schlechter Wegverhältnisse eine andere Richtung nimmt oder ob eine Regierung wegen Geldknappheit zugunsten sozialer Maßnahmen vorläufig auf den Ausbau eines Autobahnteilstücks verzichtet – in derartigen Situationen ändert man unter dem Druck der Verhältnisse seine (Umsetzungs-)Pläne, ohne seine Ziele aufzugeben, wobei im Extremfall das Erstreben des Ziels mangels Handlungsmöglichkeiten praktisch folgenlos bleiben kann: Wer einem Ertrinkenden helfen will, aber weder schwimmen kann noch ein Boot oder andere Helfer zur Verfügung hat, dem sind die Hände gebunden.

Obwohl das Handeln anscheinend nur instrumentelle Funktion hat, sofern es gleichsam der Erfüllungsgehilfe des Denkens und Wollens ist, kommt ihm doch eine eigene Qualität zu. Eine Handlung kann richtig oder falsch sein. Ihre Richtigkeit bzw. Falschheit hängt davon ab, inwieweit es dem Verstand gelungen ist, das beste Mittel zur Umsetzung des Gewollten zu finden. Eine Handlung kann gut oder böse sein, je nachdem, ob das Ziel, zu dessen Umsetzung sie ausgeführt wird, moralisch oder unmoralisch ist. So kann eine gute Handlung gleichwohl falsch sein (wenn z.B. das Opfer eines Verkehrsunfalls künstlich beatmet werden soll, der Sanitäter ihm den Schlauch aber versehentlich in die Speiseröhre steckt), und umgekehrt kann eine böse Handlung richtig sein (wenn z.B. jemand seinen Nebenbuhler mit einem gezielten Messerstich ins Herz tötet).

Der erste Philosoph, der einen systematischen Struktur-
aufriß der menschlichen Praxis vorgelegt und das Handeln
unter ethischen Gesichtspunkten analysiert hat, war ARI-
STOTELES.

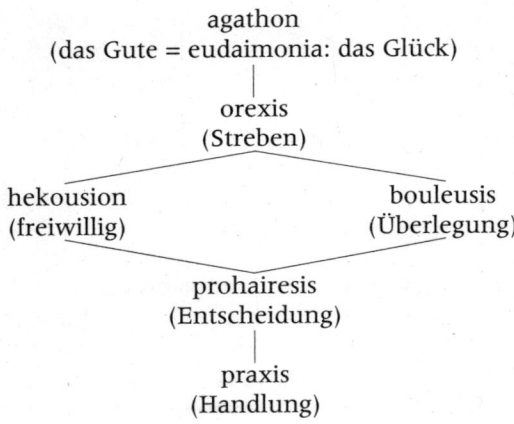

agathon
(das Gute = eudaimonia: das Glück)

orexis
(Streben)

hekousion
(freiwillig)

bouleusis
(Überlegung)

prohairesis
(Entscheidung)

praxis
(Handlung)

Menschliches Handeln fällt nach ARISTOTELES unter das
Prinzip der Bewegung, und die Ethik fragt nach dem Anfang dieser Bewegung. Eine Handlung geht hervor aus einer
Entscheidung oder Wahl, die ihrerseits Resultat eines Stre-
bens ist. Das Streben wiederum wird durch das Gute bzw.
durch den Bezug auf ein als das Gute begehrtes Ziel in Bewegung gesetzt. Das Streben muß zum einen freiwillig
sein, d.h. aus eigenem Antrieb erfolgen und nicht durch
innere oder äußere Umstände erzwungen. Zum anderen
muß es überlegt sein, d.h., es muß sich auf etwas richten,
das in unserer Macht steht und mit den uns verfügbaren
Mitteln erreichbar ist.

Liest man die Graphik von oben nach unten, so differenziert sich das Streben nach dem Guten durch die Entscheidung zum spezifisch menschlichen Tun, das nicht Folge
einer Determination durch Instinkte ist, sondern einer
überlegten, von der Vernunft gesteuerten Wahl. Entsprechend bezeichnet ARISTOTELES die Entscheidung als stre-

bende Vernunft (orektikos nous) bzw. als vernünftiges Streben (orexis dianoetike). Wer fähig ist, richtig zu überlegen, in einer gegebenen Situation die angemessenen Mittel zu wählen und handelnd zu verwirklichen, der besitzt moralische Klugheit (phronesis). Diese durch Einübung in das Ethos erworbene Kompetenz in moralischen Angelegenheiten ist eine Form des Wissens, die sich auf Veränderliches bezieht, zugleich aber auch auf das Allgemeine des in der Polis als verbindlich Geltenden. Wer sich daran gewöhnt hat, praktische Angelegenheiten nach Maßgabe seiner moralischen Klugheit im Licht des Allgemeinen zu beurteilen und entsprechend zu handeln, der besitzt moralische Tüchtigkeit (arete = Tugend).

Das Finden der angemessenen Handlung geschieht nach ARISTOTELES dadurch, daß Situation und mögliche Handlungsalternativen so zueinander ins Verhältnis gesetzt werden, daß sich ein Mittleres als das Rechte ergibt, von dem das Handeln sein Maß erhält. Dabei kann die gesuchte Mitte arithmetisch. geometrisch oder logisch bestimmt werden, je nachdem, ob es sich um eine quantitative Mitte zwischen einem Zuviel und einem Zuwenig handelt (z.B. Tapferkeit als Mitte zwischen Tollkühnheit und Feigheit), um eine proportionale Mitte (z.B. Gerechtigkeit als das jedem Zukommende, das sich nur in einer Verhältnisgleichung nach der Form $A : B = C : D$ darstellen läßt [Schuster : 1 Paar Schuhen = Bäcker : 10 Broten]), oder um eine Mitte, die durch einen praktischen Syllogismus im Schlußsatz ermittelt wird (z.B. will Person A das Ziel Z erreichen. Der beste Weg, um Z zu erreichen ist W_4. Also entschließt sich A, W_4 einzuschlagen). (Vgl. *Nikomachische Ethik:* VI, 4, 8, 9.)

Auch in der Handlungstheorie der Moderne behält die Handlung den Charakter der Mitte oder des Mittleren. So beschreibt HEGEL den dialektischen Umschlag vom sinnlichen zum sittlichen Bewußtsein folgendermaßen:

Diese Mitte [zwischen Besonderem und Allgemeinem] ist ein das Bewußtsein als solches vermittelndes Tun; der Inhalt dieses Tuns ist die Vertilgung, welche das Bewußtsein mit seiner Einzelheit vornimmt. In ihr also befreit dieses sich von dem Tun und Genusse als *dem seinen:* es stößt von sich als *fürsich*seiendem Extreme das Wesen seines *Willens* ab, und wirft auf die Mitte [...] die Eigenheit und Freiheit des Entschlusses, und damit die *Schuld* seines Tuns. Dieser Vermittler, als mit dem unwandelbaren Wesen in unmittelbarer Beziehung, dient mit seinem *Rate* über das Rechte. Die Handlung, indem sie Befolgung eines fremden Beschlusses ist, hört nach der Seite des Tuns oder des *Willens* auf, die eigne zu sein. (*Phänomenologie:* Werke 3, 175)

Erst nachdem das Subjekt seine unmittelbare Verstrickung in den sinnlichen Genuß als schuldhafte Form individueller Selbstbezogenheit durchschaut und seine Lust dem im Gesetz der Sittlichkeit sich dokumentierenden reinen Willen aller aufgeopfert hat, ist es imstande, das Rechte zu tun und vollkommen vernünftig zu handeln. Auf der Stufe des Rechts wird die eminent soziale und politische Dimension menschlichen Handelns offenbar, die im 20. Jahrhundert von zentraler Bedeutung ist, wobei das kommunikative Zwischen qua Sinnmitte sozialer Praxis als entscheidender Faktor angesehen wird.

HANNAH ARENDT hat Sprechen und Handeln als »die Modi [begriffen], in denen sich das Menschsein selbst offenbart.« (*Vita activa:* 165) Anders als die Tätigkeit des Homo faber, dessen geräteerzeugendes Tun zum Zweck des Gebrauchs ARENDT als Herstellen bezeichnet, sind Sprechen und Handeln gleichursprüngliche Artikulationen der personalen Einzigartigkeit von Individuen, die allesamt durch die Tatsache ihrer Natalität als Wesen charakterisiert sind, die einen gebürtlichen Anfang haben und ein ihr Leben abschließendes Ende. Redend und handelnd geben sie Aufschluß darüber, wer sie sind.

Handeln, im Unterschied zum Herstellen, ist in Isolierung niemals möglich; jede Isoliertheit, ob gewollt oder ungewollt, beraubt der Fähigkeit zu handeln. So wie das Herstellen der Umgebung der Natur bedarf, die es mit Material versorgt, und einer Umwelt, in der das Fertigfabrikat zur Geltung kommen kann, so bedarf das Handeln und Sprechen der Mitwelt, an die es sich richtet. Das Herstellen vollzieht sich in und für die Welt, mit deren dinglichem Bestand es in ständigem Kontakt bleibt; das Handeln und Sprechen vollzieht sich in dem Bezugsgewebe zwischen den Menschen, das seinerseits aus Gehandeltem und Gesprochenem entstanden ist, und muß mit ihm in ständigem Kontakt bleiben. (Ebd. 180)

Das Gewebe, in welchem die Fäden der Lebensgeschichten von Individuen miteinander vernetzt sind, kann nur narrativ vor Augen geführt werden, und dabei zeigt sich, daß der Handelnde als Handelnder unter anderen Handelnden niemals nur Täter, sondern immer auch Betroffener ist, der fremdes Tun ertragen muß oder auf solches reagiert: »die Geschichte, die von einem Handeln in Bewegung gebracht wird, ist immer eine Geschichte der Taten und Leiden derer, die von ihr affiziert werden.« (Ebd. 182) Diese Verstricktheit in Geschichten, deren Ausgang wir nicht kennen, da jedes Handeln »einen unabsehbaren und potentiell endlosen Prozeß anfängt« (ebd. 227), hat zur Folge, daß jeder Täter immer auch mitschuldig ist an dem im Bezugsgewebe menschlicher Praxis unabsichtlich erzeugten Leid. Obwohl der Mensch frei ist, ist er nach HANNAH ARENDT nicht souverän, weil er nicht allein auf der Welt ist und daher außerstande, das Geflecht pluraler Handlungsvollzüge, die nicht nur seine eigenen, sondern auch die der Mit-Handelnden sind, zu kontrollieren. Die Schuld kann jedoch durch Verzeihen und Versprechen als identitätsstiftende Modi menschlichen Handelns abgetragen bzw. verringert werden:

Das Heilmittel gegen Unwiderruflichkeit – dagegen, daß man Getanes nicht rückgängig machen kann, obwohl man nicht wußte, und nicht wissen konnte, was man tat – liegt in der menschlichen Fähigkeit zu verzeihen. Und das Heilmittel gegen Unabsehbarkeit – und damit gegen die chaotische Ungewißheit alles Zukünftigen – liegt in dem Vermögen, Versprechen zu geben und zu halten. Diese beiden Fähigkeiten gehören zusammen, insofern die eine sich auf die Vergangenheit bezieht und ein Geschehenes rückgängig macht, dessen »Sünde« sonst,

dem Schwert des Damokles gleich, über jeder neuen Genera-
tion hängen und sie schließlich unter sich begraben müßte;
während die andere ein Bevorstehendes wie einen Wegweiser
in die Zukunft aufrichtet, der ohne die bindenden Versprechen,
welche wie Inseln der Sicherheit von den Menschen in das
drohende Meer des Ungewissen geworfen werden, noch nicht
einmal irgendeine Kontinuität menschlicher Beziehungen möglich wäre. (Ebd. 232)

Während HANNAH ARENDT in den Akten des Verzei-
hens und Versprechens die ethische Basis des zwischenmenschlichen Handlungs- und Kommunikationsnetzes
sieht, setzt JÜRGEN HABERMAS auf die praktische Rationalität verständigungsorientierten Handelns, das er von
drei anderen Handlungsformen abgrenzt:

Der Begriff des *teleologischen* Handelns [beinhaltet seit Aristoteles:] Der Aktor verwirklicht einen Zweck bzw. bewirkt das Eintreten eines erwünschten Zustandes, indem er die in der gegebenen Situation erfolgversprechenden Mittel wählt und in
geeigneter Weise anwendet. Der zentrale Begriff ist die auf die
Realisierung eines Zwecks gerichtete, von Maximen geleitete
und auf eine Situationsdeutung gestützte *Entscheidung* zwischen
Handlungsalternativen. [...]
Der Begriff des *normenregulierten* Handelns bezieht sich nicht auf
das Verhalten eines prinzipiell einsamen Aktors, der in seiner
Umwelt andere Faktoren vorfindet, sondern auf Mitglieder
einer sozialen Gruppe, die ihr Handeln an gemeinsamen Werten
orientieren. Der einzelne Aktor befolgt eine Norm (oder ver-
stößt gegen sie), sobald in einer gegebenen Situation die Bedingungen vorliegen, auf die die Norm Anwendung findet.
[...] Der zentrale Begriff der *Normbefolgung* bedeutet die Erfüllung einer generalisierten Erwartungshaltung. [...]
Der Begriff des *dramaturgischen* Handelns bezieht sich primär
weder auf den einsamen Aktor noch auf das Mitglied einer
sozialen Gruppe, sondern auf Interaktionsteilnehmer, die füreinander ein Publikum bilden, vor dessen Augen sie sich darstellen. Der Aktor ruft in seinem Publikum ein bestimmtes
Bild, einen Eindruck von sich selbst hervor, indem er seine
Subjektivität mehr oder weniger gezielt enthüllt. [...] Der zentrale Begriff der *Selbstrepräsentation* bedeutet deshalb nicht ein

spontanes Ausdrucksverhalten, sondern die zuschauerbezogene Stilisierung des Ausdrucks eigener Erlebnisse. (*Theorie des kommunikativen Handelns:* 1, 127f.)

Im Unterschied zu diesen Handlungstypen bezieht sich der von HABERMAS favorisierte Begriff des *kommunikativen* Handelns »auf die Interaktion von mindestens zwei sprach- und handlungsfähigen Subjekten, die (sei es mit verbalen oder extraverbalen Mitteln) eine interpersonale Beziehung eingehen. Die Aktoren suchen eine Verständigung über die Handlungssituation, um ihre Handlungspläne und damit ihre Handlungen einvernehmlich zu koordinieren. Der zentrale Begriff der *Interpretation* bezieht sich in erster Linie auf das Aushandeln konsensfähiger Situationsdefinitionen.« (Ebd. 128)

Die Koordination kommunikativen Handelns darf nicht strategisch erfolgen, da es im strategischen Handeln nur um den Erfolg geht, gleich mit welchen Mitteln er herbeigeführt wird. Schon KANT hatte den kategorischen Imperativ von hypothetischen Imperativen abgegrenzt, die er noch einmal in Regeln der Geschicklichkeit und Ratschläge der Klugheit unterteilt. Während letztere ein *pragmatisches* Handeln begründen, fundieren erstere ein *technisches* Handeln. (*Grundlegung:* AA 4, 416) Beiden Arten des Handelns ist gemeinsam, daß sie nur bedingt, hinsichtlich des Zwecks, und damit hypothetisch geboten sind, der Zweck selber, worumwillen gehandelt wird, aber nicht bezüglich seiner Sittlichkeit überprüft wurde. Bei *technischen* Handlungen zählt allein die Geschicklichkeit, wie es das KANTische Beispiel verdeutlicht:

> Die Vorschriften für den Arzt, um seinen Mann auf gründliche Art gesund zu machen, und für einen Giftmischer, um ihn sicher zu töten, sind insofern von gleichem Wert, als eine jede dazu dient, ihre Absicht vollkommen zu bewirken. (Ebd. 415)

Bei den pragmatischen Handlungen gibt das Prinzip der Glückseligkeit den Zweck für die Handlung ab, d. h., sie sind geboten in bezug auf den eigenen Vorteil und das persönliche Wohlergehen.

Aus KANTischer Perspektive könnte man durchaus auch den Utilitarismus als eine pragmatische Theorie bezeichnen, insofern das Nutzenprinzip die Beförderung des größtmöglichen Glücks der größtmöglichen Anzahl von Menschen gebietet, ohne daß das Nutzenprinzip selber auf seine Sittlichkeit hin befragt wurde. Zwar betrachtet auch KANT die Beförderung fremder Glückseligkeit als ein sittliches und somit kategorisches Gebot, aber nicht um der Maximierung der eigenen Glückseligkeit willen, sondern weil das Sittengesetz als Repräsentant des Freiheitsprinzips dies unbedingt fordert. Sowohl der Handlungsutilitarismus, der jede einzelne Handlung direkt am Nutzenprinzip zu überprüfen verlangt, als auch der Regelutilitarismus, der es als ausreichenden Nachweis für die Gesolltheit einer Handlung erachtet, wenn sie unter eine bereits am Nutzenprinzip überprüfte Regel fällt, sind strategische Handlungstheorien, die jedes Mittel für gerechtfertigt halten, das dazu beiträgt, den Gesamtnutzen zu vermehren, unangesehen der für diesen rechnerisch nicht ins Gewicht fallenden Schäden und Nachteile, die solche Handlungen für einzelne Personen oder Minderheiten mit sich bringen. Nicht nur Handlungen, sondern auch die Regeln, denen sie folgen, müssen für jedermann einsichtig begründet werden, und zwar reziprok oder dialektisch, wie LEWIS WHITE BECK klarstellt:

> Bei der Dialektik geht es um wechselseitige Kritik freier und gleicher Partner, die ihre Gründe, Handlungen, Entwürfe, Pläne, Wünsche und Ideale zu verteidigen, aber auch abzuändern bereit sind. In einem Dialog achte ich den anderen als ein freies, handlungsfähiges Wesen, indem ich nur solche Argumente benutze und mich nur auf solche Gründe berufe, die ich selber anerkenne. Ich setze mich freiwillig der Berichtigung durch den anderen aus. [...] Vernünftig nennen wir die definitiven freien Akte von Menschen, wenn sie uns den Weg zu einem weiteren Austausch von Gründen offenhalten. (*Akteur und Betrachter:* 152f.)

Eine Praxis ist als ganze letzten Endes nur dann menschenwürdig, wenn ihr das Prinzip der Gerechtigkeit zugrundeliegt. JOHN RAWLS hat mit Hilfe eines Gedankenexperiments – der fiktiven Situation eines Urzustands, in welcher sich Menschen, die weder ihre besonderen Vorlieben und Fähigkeiten noch ihre künftige gesellschaftliche Position kennen, über die Prinzipien verständigen, denen allgemeine Verbindlichkeit zukommen soll – nachzuweisen versucht, daß jeder Mensch in Anbetracht des Umstands, daß er im sozialen Verbund zur Gruppe der am schlechtesten Gestellten gehören könnte, nur solchen Prinzipien zustimmen würde, die für eben diese Gruppe die größtmöglichen Vorteile mit sich bringen, nämlich die beiden folgenden Gerechtigkeitsprinzipien:

Erster Grundsatz
Jedermann hat gleiches Recht auf das umfangreichste Gesamtsystem gleicher Grundfreiheiten, das für alle möglich ist.
Zweiter Grundsatz
Soziale und wirtschaftliche Ungleichheiten müssen folgendermaßen beschaffen sein:
(a) sie müssen unter der Einschränkung des gerechten Spargrundsatzes den am wenigsten Begünstigten den größtmöglichen Vorteil bringen, und
(b) sie müssen mit Ämtern und Positionen verbunden sein, die allen gemäß fairer Chancengleichheit offenstehen.
Erste Vorrangregel (Vorrang der Freiheit)
Die Gerechtigkeitsgrundsätze stehen in lexikalischer Ordnung; demgemäß können die Grundfreiheiten nur um der Freiheit willen eingeschränkt werden, und zwar in folgenden Fällen:
(a) eine weniger umfangreiche Freiheit muß das Gesamtsystem der Freiheiten für alle stärken;
(b) eine geringere als gleiche Freiheit muß für die davon Betroffenen annehmbar sein.
Zweite Vorrangregel (Vorrang der Gerechtigkeit vor Leistungsfähigkeit und Lebensstandard)
Der zweite Gerechtigkeitsgrundsatz ist dem Grundsatz der Leistungsfähigkeit und Nutzenmaximierung lexikalisch vorgeordnet; die faire Chancengleichheit ist dem Unterschiedsprinzip vorgeordnet, und zwar in folgenden Fällen:

(a) eine Chancen-Ungleichheit muß die Chancen der Benachteiligten verbessern;
(b) eine besonders hohe Sparrate muß insgesamt die Last der von ihr Betroffenen mildern. (*Theorie der Gerechtigkeit:* 336f.)

Dieses von RAWLS schrittweise entwickelte grundlegende Reglement mitsamt seinen Vorzugsregeln und Prioritätensetzungen bildet das Fundament einer liberalen Praxis sowohl im Bereich des kollektiven als auch des individuellen Handelns.

5.4 Glauben (das Göttliche)

> *... der Priester selbst ist erkannt als das, was er ist, als die gefährlichste Art Parasit, als die eigentliche Giftspinne des Lebens ...*
>
> (NIETZSCHE, *Antichrist: KSA 6, 210*)

Denken, Wollen und Handeln erschöpfen die Weisen menschlichen Sichverhaltens nicht. Für ein anständiges Leben mag es zwar genügen, sich an die Kriterien des Wahren, des Guten und des Richtigen zu halten, aber seit jeher hat der Mensch versucht, die Grenzen des Menschlichen zu überschreiten und teilzuhaben an jener transzendenten Macht, die nur in einem religiösen Glauben erfahrbar ist. War der Glaube an Götter für den antiken Menschen noch etwas Selbstverständliches und Unbezweifelbares, in den Naturkräften und kosmischen Ordnungsstrukturen unmittelbar Begegnendes, so kamen mit dem Christentum Bedenken auf nicht nur hinsichtlich der Beschreibung jenes Wesens, das Gott genannt wird, sondern auch ob es ein solches Wesen überhaupt gibt. Die Philosophie des Mittelalters ist voller »Gottesbeweise«, die deshalb nötig wurden, weil sich im zunehmenden Selbstbewußtsein eines auf Rationalität und logische Argumentation setzenden Vernunftwesens kein Platz mehr fand für die Annahme eines

Gottes, den in den Bereich des Irrationalen abzuschieben oder zum Gegenstand eines Aberglaubens zu erklären, ein Gebot skeptischer Redlichkeit schien.

Im Unterschied zum alltagssprachlichen Verständnis, dem zufolge »glauben« soviel bedeutet wie »meinen«, »vermuten«, »für wahr halten«, wird der religiöse Glaube mit einem Gewißheitskoeffizienten versehen, wobei gerade dieses Moment absoluter Gewißheit ein Problem darstellt, insofern sie nur subjektiv erlebbar ist, gleichwohl aber allgemein mitteilbar sein muß, weil anders es bloß vereinzelt einsame Gläubige gäbe, aber keine Glaubensgemeinschaft. Die Glaubenserfahrung muß daher mit den Mitteln des Denkens transparent gemacht werden können, wenn sie mehr sein will als eine beliebige Privatüberzeugung.

ANSELM von Canterbury gab daher die Devise aus, daß der Glaube sich rational einsichtig machen müsse *(fides quaerens intellectum)*, und erläuterte sein Anliegen wie folgt:

> Ich versuche nicht, Herr, Deine Tiefe zu durchdringen, denn auf keine Weise stelle ich ihr meinen Verstand gleich; aber mich verlangt, Deine Wahrheit einigermaßen einzusehen, die mein Herz glaubt und liebt. Ich suche ja auch nicht einzusehen, um zu glauben, sondern ich glaube, um einzusehen. Denn auch das glaube ich: *wenn ich nicht glaube, werde ich nicht einsehen.* (*Proslogion:* 71, 83,85)

Es gilt demnach, dem im Herzen Geglaubten logisch auf den Grund zu gehen, nicht weil sonst der Glaube erschüttert würde, sondern weil jegliche Einsicht grundlos bliebe, würde sie nicht auf das feste Fundament der Glaubensgewißheit gestellt. Ohne die Annahme Gottes könnte letztlich nichts als wahr erwiesen werden. So schickt sich denn ANSELM mit jenem Argument, das KANT später als *ontologischen* Gottesbeweis bezeichnet hat, an, einen Skeptiker davon zu überzeugen, daß es Torheit ist, Gott zu leugnen:

> Und zwar glauben wir, daß Du [Herr] etwas bist, über dem nichts Größeres gedacht werden kann. [...] Und sicherlich kann *das, über*

dem Größeres nicht gedacht werden kann, nicht im Verstande allein sein. Denn wenn es wenigstens im Verstande allein ist, kann gedacht werden, daß es auch in Wirklichkeit existiere – was größer ist. Wenn also *das, über dem Größeres nicht gedacht werden kann,* im Verstande allein ist, so ist eben *das, über dem Größeres nicht gedacht werden kann,* über dem Größeres gedacht werden kann. Das aber kann gewiß nicht sein. Es existiert also ohne Zweifel *etwas, über dem Größeres nicht gedacht werden kann,* sowohl im Verstande als auch in Wirklichkeit. (Ebd. 85/87)

Wenn – was auch der Skeptiker zugeben muß – der Begriff eines Wesens gedacht werden kann, über das hinaus kein größeres vorstellbar ist, dann muß es auch in der Wirklichkeit ein diesem Begriff korrespondierendes Wesen geben, weil etwas, das sowohl gedacht wird als auch existiert, größer ist als etwas, das nur gedacht wird. Also muß das nur gedachte Größte auch existieren, denn sonst enthielte es einen Widerspruch, d.h., es wäre nicht als das Größte vorgestellt, wenn es als nicht existierend gedacht wird. Schon zu Lebzeiten ANSELMS machte sich ein Mönch namens GAUNILO über dieses Argument lustig, indem er sagte, man könne sich eine Insel vorstellen, die so groß ist, daß im Vergleich mit ihr keine größere denkbar ist. Aber daraus folge keineswegs, daß es diese Insel tatsächlich gebe.

Eine Schwierigkeit des ANSELMschen »Beweises« liegt sicher darin, daß unklar ist, was mit »in Wirklichkeit existieren« gemeint ist. Es ist ANSELM recht zu geben, daß ein wirkliches Kunstwerk ›mehr‹ ist als bloß die Vorstellung davon in der Einbildungskraft des Künstlers. Aber »wirkliche« oder »existierende« Dinge sind in unserem alltagssprachlichen Verständnis solche, die eine empirische Qualität haben, also unter Raum-Zeit-Bedingungen sinnlich erfahrbar sind, und genau dies trifft auf Gott nicht oder jedenfalls nicht auf die gleiche Weise zu, so daß die Rede, Gott existiere, unbefriedigend, ja irreführend ist.

Ergänzt wurde das ANSELMsche Argument durch andere Gottesbeweise. So hat THOMAS VON AQUIN in Anlehnung an ARISTOTELES Gott als ein erstes Bewegendes, das von keinem anderen mehr bewegt wird, bzw. als erste Ursache erschlossen und auf diese Weise einen *kosmologischen* Gottesbeweis formuliert:

> Der wirksamste Weg zum Gottesbeweis erfolgt aus der Voraussetzung der Ewigkeit der Welt, weil bei dieser Annahme weniger deutlich zu sein scheint, daß Gott ist. Denn wenn die Welt und die Bewegung einen ersten Anfang nehmen, dann ist es klar, daß man eine Ursache annehmen muß, die anfänglich die Welt und die Bewegung hervorbringt, weil alles, was neu anfängt, von einem ersten Stifter seinen Ursprung nehmen muß; denn nichts überführt sich selbst aus der Möglichkeit in die Wirklichkeit oder aus dem Nichtsein ins Sein. [...] Also muß man annehmen, daß es eine erste Wirkursache gibt. Diese ist Gott. (*Gottesbeweise*: 33, 35)

DESCARTES wiederum hat ANSELMS These unterstützt, indem er Gott als den einzigen Gegenstand definierte, bei dem das Wesen die Existenz miteinschließt. Entsprechend behauptet er, »daß sich das Dasein vom Wesen Gottes ebensowenig trennen läßt, wie vom Wesen des Dreiecks, daß die Größe seiner drei Winkel zwei rechte beträgt« (*Meditationen:* 119). Darüber hinaus findet sich bei ihm noch ein *teleologischer* Gottesbeweis, demzufolge die Erkenntnis der eigenen Unvollkommenheit eine Vorstellung von Vollkommenheit voraussetzt, als deren Urheber kein menschliches, sondern nur ein überempirisches Wesen in Frage kommt, dessen planende Vernunft das gesamte Weltall mit einem Netz von Strukturen überzieht, deren Zweckmäßigkeit der menschliche Verstand nicht sich, sondern nur einem Gott zuschreiben kann. DESCARTES gelangt zu dem Schluß,

> daß allein die Tatsache, daß ich existiere und daß mir eine Vorstellung eines vollkommensten Wesens, d. i. Gottes, einwohnt, aufs deutlichste beweist, daß auch Gott existiert. (Ebd. 93)

KANT hat allein den *moralischen* Gottesbeweis als einen solchen gelten lassen. Die Besonderheit dieses Beweises liegt darin, daß damit kein Erkenntnisanspruch erhoben, sondern eine Bedingung moralischen Handelns auf den Begriff gebracht wird. Sein Diktum: »Ich mußte also das *Wissen* aufheben, um zum *Glauben* Platz zu bekommen« (*KrV:* B XXX) erklärt die theoretische Vernunft in bezug auf ein Gottesverhältnis für unzuständig und weist dieses der praktischen Vernunft zu, denn Glaube »ist die moralische Denkungsart der Vernunft im Fürwahrhalten desjenigen, was für die theoretische Erkenntnis unzugänglich ist«. (*KU:* AA 5, 472) Wenn es für die praktische Vernunft ein höchstes Gut als Endziel gibt, das aufgrund seiner Selbstzweckhaftigkeit um seiner selbst willen zu erstreben ist, und wenn dieses Endziel in der vollkommenen Übereinstimmung von Tugend (Erfüllung des Sittengesetzes) und Glückseligkeit (Anrecht auf Glück nach Maßgabe der Pflichterfüllung) besteht, dann muß – da der Mensch außerstande ist, selbst dafür zu sorgen, daß jedes Individuum nicht nur langfristig Gelegenheit erhält, sich moralisch zu verbessern, sondern auch in genauer Proportion zu seinen Verdiensten um die Moralität (die KANT als Glücks*würdigkeit* bezeichnet), mit den Anteilen Glück belohnt wird, die ihm zustehen – als Garant des höchsten Guts ein Gott angenommen werden, der sich dafür verbürgt, daß der Mensch seinen Endzweck erreichen kann. (Vgl. *KpV:* AA 5, 123 ff.)

> Dieses moralische Argument soll keinen *objektiv*-gültigen Beweis vom Dasein Gottes an die Hand geben, nicht dem Zweifelgläubigen beweisen, daß ein Gott sei; sondern daß, wenn er moralisch konsequent denken will, er die Annehmung dieses Satzes [es gibt einen Gott] unter die Maximen seiner praktischen Vernunft *aufnehmen müsse*. – Es soll damit auch nicht gesagt werden: es ist *zur* Sittlichkeit notwendig, die Glückseligkeit aller vernünftigen Weltwesen gemäß ihrer Moralität anzunehmen, sondern: es ist *durch* sie notwendig. Mithin ist es ein *subjektiv*, für moralische Wesen, hinreichendes Argument. (*KU:* AA 5, 450)

Betrachtet man die theoretischen und praktischen Versuche, die Existenz Gottes rational zu demonstrieren, aus der Perspektive des Glaubens, so zeigt sich, daß sie letztlich überflüssig sind. Wer an Gott glaubt, bedarf eines solchen Beweises nicht mehr. Und wer Gott leugnet, kann auch durch keinen Beweis dazu gebracht werden, an ihn zu glauben. Nicht einmal der Vernunftglaube, den KANT als sinnvolle und praktisch gerechtfertigte Weise der Bezugnahme auf das höchste Gut eingeräumt hat, vermag darüber hinwegzutäuschen, daß Gott nur als Postulat existiert. Ob wir darauf vertrauen können, daß dereinst denjenigen, die sich im hiesigen Leben aufgrund ihrer moralischen Lebensführung um das Glück verdient gemacht haben, ohne dafür entschädigt worden zu sein, Gerechtigkeit widerfahren wird, wohingegen die hier unverdientermaßen mit Glück Überhäuften im Jenseits mit Glücksabzügen und -entzügen bestraft werden, bleibt eine persönliche Gewissensentscheidung, die immerhin als nicht unvernünftig eingesehen werden kann.

KIERKEGAARD hat daher geraten, auf jeden Beweis zu verzichten, denn beweisen zu wollen, daß etwas existiert, setze das zu Beweisende immer schon voraus:

> So schließe ich beständig nicht auf das Dasein, sondern ich schließe aus dem Dasein, mag ich mich nun in der Welt der sinnlichen Handgreiflichkeiten bewegen oder in der des Gedankens. Ich beweise somit nicht, daß ein Stein da ist, sondern daß das Etwas, das da ist, ein Stein ist; das Gericht beweist nicht, daß ein Verbrecher da ist, sondern daß der Angeklagte, der ja da ist, ein Verbrecher ist. [...] Wer darum Gottes Dasein beweisen will [...:] Er setzt beständig voraus, daß der Gott da ist, und unter dieser Voraussetzung sucht er nun die Natur mit dem Gedanken der Zweckmäßigkeit zu durchdringen. (*Brocken:* 38, 41f.)

KIERKEGAARD verlangt vom Verstand das Eingeständnis seiner Inkompetenz, Gott zu begreifen. Dieses *sacrificium intellectus* nähert sich dem TERTULLIAN zugeschriebenen Ausspruch *credo quia absurdum* (ich glaube, weil es widersinnig ist), der die Kapitulation des Verstandes vor dem absoluten Paradox des christlichen Menschengottes bekundet, zugleich aber dem Irrationalismus Tür und Tor öffnet, insofern der Glaube nicht wie bei KANT als moralische Haltung den Platz eines dem Menschen nicht möglichen Wissens einnimmt, sondern auf der Basis eines aus rationaler Sicht absurden Sachverhalts ein Gottesverhältnis aufbauen soll. Das Kriterium für eine solche, am Widersinnigen festgemachte religiöse Beziehung wird daher von KIERKEGAARD konsequenterweise in einem Freiheitsakt gesehen, den er als Sprung charakterisiert: »das Dasein selbst geht hervor aus dem Beweise durch einen Sprung«. (Ebd. 41) Dieser Bruch mit dem logisch Zusammenhängenden, Konsistenten durch Außerkraftsetzung rationaler Geltungsansprüche und Gründe signalisiert eine existentielle Haltung, die ihr Heil nicht mehr im kategorialen Netz eines Verstandes sucht, sondern in der Anerkennung eines Gottes, der als ein liebender Gott jenseits aller Vernunft erlebt wird.

Kein Wunder, daß der religiöse Glaube nicht nur wegen seiner mangelnden rationalen Transparenz von skeptischen Theoretikern, sondern aufgrund seiner Ideologieanfälligkeit auch von Moralisten in Frage gestellt wurde. Einer der heftigsten Kritiker des christlichen Glaubens war NIETZSCHE, der Gott für eine Erfindung der Schlechtweg- und Zukurzgekommenen, der Rachsüchtigen, Neidischen, Ressentimenterfüllten – der Priester als dekadenten Lebensverleumdern – ansah, die ihre Ohnmacht zu überwinden trachteten, indem sie sich als Sprachrohr eines allmächtigen Wesens ausgaben, dessen Willen sich alle zu unterwerfen haben.

Der christliche Gottesbegriff – Gott als Krankengott, Gott als Spinne, Gott als Geist – ist einer der corruptesten Gottesbegriffe, die auf Erden erreicht worden sind; er stellt vielleicht selbst den Pegel des Tiefstands in der absteigenden Entwicklung des Götter-Typus dar. Gott zum *Widerspruch des Lebens* abgeartet, statt dessen Verklärung und ewiges Ja zu sein! In Gott dem Leben, der Natur, dem Willen zum Leben die Feindschaft angesagt! Gott die Formel für jede Verleumdung des »Diesseits«, für jede Lüge vom »Jenseits«! In Gott das Nichts vergöttlicht, der Wille zum Nichts heilig gesprochen! [...] Der Mensch [...] soll *leiden* ... Und er soll so leiden, dass er jeder Zeit den Priester nöthig hat. – Weg mit den Ärzten! *Man hat einen Heiland nöthig.* [...] Die Sünde, diese Selbstschändungs-Form des Menschen par excellence, ist erfunden, um Wissenschaft, um Cultur, um jede Erhöhung und Vornehmheit des Menschen unmöglich zu machen; der Priester *herrscht* durch die Erfindung der Sünde. [...] »Glaube« heisst Nicht-wissen-*wollen*, was wahr ist. [...] Ich heisse das Christenthum den Einen grossen Fluch, die Eine grosse innerlichste Verdorbenheit, den Einen grossen Instinkt der Rache, dem kein Mittel giftig, heimlich, unterirdisch, *klein* genug ist, – ich heisse es den Einen unsterblichen Schandfleck der Menschheit ... (*Antichrist:* KSA 6, 185. 228f., 233, 253)

Wenn NIETZSCHE gegen Ende seines bewußten Lebens noch einmal »Dionysos gegen den Gekreuzigten« heraufbeschwört (*Ecce homo:* KSA 6, 374), so wird deutlich, daß er einen das Irdische, Sinnliche, Heitere, Erotische gerade nicht verachtenden, sondern hochschätzenden Gott verehrt, einen trotz aller Leiden das Leben liebenden, ekstatischen, erdverbundenen Gott, der zu genießen, zu tanzen und sich immer wieder neu- und umzuschaffen versteht:

Von jener Höhe der Freude, wo der Mensch sich selber und sich ganz und gar als eine vergöttlichte Form und Selbst-Rechtfertigung der Natur fühlt, bis hinab zu der Freude gesunder Bauern und gesunder Halbmensch-Tiere: diese ganze lange ungeheure Licht- und Farbenleiter des *Glücks* nannte der Grieche [...] mit dem Götternamen: Dionysos. [...] ›der Gott am Kreuz‹ ist ein Fluch auf das Leben, ein Fingerzeig, sich von ihm zu erlösen; – der in Stücke geschnittene Dionysos ist eine *Verheißung* ins Leben: es wird ewig wiedergeboren und aus der Zerstörung heimkommen. (*Nachlaß:* KSA 10, 78, 685, 688)

NIETZSCHE hat den Ursprung der Religion in einem Selbstmißverständnis des Menschen gesehen, der seine Wünsche und Sehnsüchte in ein transzendentes Wesen projiziert, anstatt sie zum Motor seiner eigenen Höherentwicklung durch Selbstüberwindung zu machen, und in seinem »Wahn« noch bestärkt wird durch diejenigen, die sich als selbsterklärte Stellvertreter Gottes die Machtposition des Hirten aneignen, um die Masse mit Hilfe einer sie schwächenden Herdenmoral gefügig zu machen. Diesen jenseitigen Gott erklärte er für tot (*Z:* KSA 4, 14), um dem Diesseits seinen Wert und seine Würde zurückzuerstatten.

Hat NIETZSCHE den Glauben als »religiöse Neurose« deklariert (*Jenseits von Gut und Böse:* KSA 5, 67), so ist ihm FREUD in seiner psychoanalytischen Rekonstruktion der Phylogenese des religiösen Glaubens darin gefolgt. Religion als öffentliche Phantasie lasse in ihren rituellen Zwangshandlungen den Charakter einer universellen Zwangsneurose erkennen, deren Ursprung FREUD in der ödipalen Ursituation sieht, in welcher die Söhne den Vater getötet und verzehrt haben, um sich seine Macht einzuverleiben und Gewalt über die Frauen zu erlangen. Der im Gefolge von Schuldgefühlen und Reue geschlossene Brüderpakt war der Anfang aller Kultur, die in Gestalt moralischer und religiöser Institutionen dazu beitragen sollte, das Trauma des Vatermordes zu überwinden und eine Versöhnung herbeizuführen, indem von nun an Mord, Inzest und Kannibalismus verboten waren. Dem zu einem allmächtigen Gott sublimierten Vater wird seine ursprüngliche Autorität zurückerstattet und der Verzicht der Söhne durch die Opferung des heiligen Totemtieres signalisiert. (Vgl. *Totem und Tabu:* Werke 9, 171ff.)

So bekennt sich denn in der christlichen Lehre die Menschheit am unverhülltesten zu der schuldvollen Tat der Urzeit, weil sie nun im Opfertod des einen Sohnes die ausgiebigste Sühne für sie gefunden hat. Die Versöhnung mit dem Vater ist um so gründlicher, weil gleichzeitig mit diesem Opfer der volle Verzicht auf das Weib erfolgt, um dessenwillen man sich gegen den Vater empört hatte. Aber nun fordert auch das psychologische Verhängnis der Ambivalenz seine Rechte. Mit der gleichen Tat, welche dem Vater die größtmögliche Sühne bietet, erreicht auch der Sohn das Ziel seiner Wünsche gegen den Vater. Er wird selbst zum Gott neben, eigentlich an Stelle des Vaters. Die Sohnesreligion löst die Vaterreligion ab. Zum Zeichen dieser Ersetzung wird die alte Totemmahlzeit als Kommunion wieder belebt, in welcher nun die Brüderschar vom Fleisch und Blut des Sohnes, nicht mehr des Vaters genießt, sich durch diesen Genuß heiligt und mit ihm identifiziert. (Ebd. 185f.)

NIETZSCHES und FREUDS Versuchen, den religiösen Glauben durch Rekonstruktion seiner Entstehungsgeschichte als eine Neurose zu erweisen, die aus der wahnhaften Verkennung bzw. Verdrängung von Allmachtsphantasien entstanden ist, gingen LUDWIG FEUERBACHS Bemühungen um eine Rückführung der Religion auf das Wesen des Menschen voraus. Gott ist aus der Sicht FEUERBACHS nichts anderes als eine menschliche Selbstprojektion, die es als solche zu durchschauen gilt, um den kindlichen Glauben an einen unabhängigen Gott über seinen Irrtum aufzuklären und die Theologie als eine mißverstandene Anthropologie zu erweisen.

> Das *absolute Wesen*, der Gott des Menschen ist *sein eignes Wesen.* [...] *Das Bewußtsein Gottes ist das Selbstbewußtsein des Menschen, die Erkenntnis Gottes die Selbsterkenntnis des Menschen.* Aus seinem Gotte erkennst du den Menschen, und wiederum aus dem Menschen seinen Gott; beides ist eins. [...] Gott ist das *offenbare* Innere, das *ausgesprochne* Selbst des Menschen; die Religion die feierliche Enthüllung der verborgenen Schätze des Menschen, das Eingeständnis seiner innersten Gedanken. [...] Die Religion, wenigstens die christliche, ist *das Verhalten des Menschen zu sich selbst*, oder richtiger: *zu seinem Wesen*, aber das Verhalten zu seinem Wesen *als zu einem andern Wesen.* [...] Der Mensch – dies ist das Geheimnis der Religion – vergegenständlicht sein Wesen und macht dann wieder sich zum Gegenstand dieses vergegenständlichten, in ein Subjekt, eine Person verwandelten Wesens. [...] Gott ist nichts andres bei den Christen als die Anschauung von der unmittelbaren Einheit der Gattung und Individualität, des allgemeinen und einzelnen Wesens. Gott ist der Begriff der Gattung als eines Individuums. (*Christentum:* 43, 53, 54, 76, 241)

FEUERBACH will keinem Atheismus das Wort reden, sondern einer wahren Religion und Heilslehre den Boden bereiten, die nach kritischer Auflösung der christlichen Mythen und Dogmen das, was am Menschen anbetungswürdig ist, aber fälschlicherweise auf einen Gott übertragen wurde, dem einzelnen Subjekt als Aufgabe für sein Denken, Wollen und Handeln überantwortet – zum Zweck individueller Selbstvervollkommnung und Selbstvergöttlichung: »*Homo homini Deus est*« (Der Mensch sei dem Menschen ein Gott; ebd. 401): so lautet FEUERBACHS oberstes praktisches Gebot.

Daß Religion dem Menschen ein Bedürfnis ist, erkennt auch KARL JASPERS an, obwohl er den Offenbarungsglauben ablehnt mit der Begründung, daß das Christentum es dem Menschen verwehre, aus eigener Kraft zu glauben, weil er dazu der göttlichen Gnade und der Vermittlung durch eine auf Ausschließlichkeitsanspruch pochende kirchliche Autorität bedürfe. Der Zwang zum Gehorsam vernichte die menschliche Freiheit und ihre schöpferischen Möglichkeiten. (*Glaube:* 51, 74) JASPERS plädiert in der Nachfolge KANTS für einen philosophischen Glauben, in welchem die Anwesenheit des Göttlichen auf vielfältig chiffrierte und codierte Weisen erlebt und existentiell angeeignet wird.

> Der Gottesglaube erfährt das Seinsgewicht der Transzendenz in solchem Maße, daß der Satz möglich ist: Gott ist es, worauf allein es ankommt. Aber dieser Gottesglaube spricht in dem unendlichen Reichtum der Chiffern der gesamten Bibel. [...] Die eigentlich Glaubenden reichen sich quer durch alle Konfessionen die Hände. [...] : Teilnahme an der biblischen Religion in den geschichtlichen Kleidern von Konfessionen – immer wieder neues Sichergreifenlassen vom Ursprung – kommunikative Verbundenheit der Glaubenden quer durch alle Konfessionen – Liberalität in bezug auf die geschichtlichen Kleider – lebendiger Kampf in der Sprache der Chiffern – Bewährung durch Lebenspraxis. (Ebd. 526)

Diese von JASPERS befürwortete ökumenische Einstellung wahrt die Freiheit des einzelnen und ermöglicht zugleich verschiedene religiöse Gemeinschaften, die sich durch Verzicht auf jeglichen Absolutheitsanspruch mit Respekt und Toleranz begegnen.

5.5 Genießen (Lust; das Schöne)

... ich will dir fröhliche Tage spinnen ...

(NOVALIS, 2, 197)

Der Mensch ist nicht nur ein Vernunft-, sondern auch ein Sinnenwesen, und kraft seiner Sinne hat er an Dingen teil, die ihm einerseits Lust (oder Unlust) bereiten können, andererseits ein Wohlgefallen (oder Mißfallen) erzeugen. Ästhetische Empfindungen dieser Art sind Weisen des Genießens (oder Verabscheuens), welche den mehr oder weniger verfeinerten Geschmack einer Person anzeigen. Genuß als ethisches Prinzip ist bei den meisten abendländischen Philosophen auf Ablehnung gestoßen, weil in der Befriedigung sinnlicher Bedürfnisse die größte Nähe des Menschen zum Tier gesehen wurde, so daß das Streben nach Lust als untermenschlich galt. Selbst der Utilitarismus, der die Lustmaximierung auf sein Panier geschrieben hat, unterschied zwischen sinnlichen und geistigen Genüssen als den qualitativ höherrangigen. JOHN STUART MILL hat diesbezüglich drastisch konstatiert:

Es ist unbestreitbar, daß ein Wesen mit geringerer Fähigkeit zum Genuß die besten Aussichten hat, voll zufriedengestellt zu werden; während ein Wesen von höheren Fähigkeiten stets das Gefühl haben wird, daß alles Glück, das es von der Welt, so wie sie beschaffen ist, erwarten kann, unvollkommen ist. Aber wenn diese Unvollkommenheiten überhaupt nur erträglich sind, kann es lernen, mit ihnen zu leben, statt die anderen zu beneiden, denen diese Unvollkommenheiten nur deshalb nicht bewußt sind, weil sie sich von den Vollkommenheiten keine Vorstellung machen können, mit denen diese verglichen werden. Es ist besser, ein unzufriedener Mensch zu sein als ein zufriedengestelltes Schwein; besser ein unzufriedener Sokrates als ein zufriedener Narr. Und wenn der Narr oder das Schwein anderer Ansicht sind, dann deshalb, weil sie nur die eine Seite der Angelegenheit kennen. Die andere Partei kennt beide Seiten. (*Utilitarismus:* 18)

Die Menschen als die Experten in Sachen Genuß siedeln demnach das schweinische Vergnügen ganz unten auf der Lustskala an, wohingegen sie das obere Ende mit jenen Freuden besetzen, die nicht mit der Befriedigung des Animalischen im *animal rationale* einhergehen, sondern im Wunsch nach Erfüllung geistiger Ansprüche ihren Ursprung haben. Nun hängt der Genuß bekanntlich von der Ausgewogenheit der Lustgefühle ab. Reine Völlerei schafft Überdruß, wie das Märchen vom Schlaraffenland eindrücklich zeigt; einem, der pausenlos ›gute‹ Musik hört, fallen bald die Ohren ab; und wer ununterbrochen philosophiert, wird kopflastig und vergißt darüber das Leben. Insofern ist noch gar nicht ausgemacht, ob die Lebensform des unzufriedenen SOKRATES tatsächlich der des zufriedenen Narren vorzuziehen ist, denn der Narr nimmt immerhin die Schwächen der Menschen aus ironischer Distanz aufs Korn und befreit auf sinnliche Weise, nämlich durch Lachen, während SOKRATES Einübung in das Sterben empfiehlt und dazu rät, so wenig Rücksicht auf die sinnlich-leiblichen Bedürfnisse zu nehmen als irgend möglich.

Wirklicher Genuß bedarf also des rechten Maßes, woraus folgt, daß er nicht durch Ausschluß, sondern nur unter Beteiligung der rationalen Fähigkeiten des Menschen zustande kommt. Im Unterschied zum Tier, das kein Zuviel kennt, muß der Mensch sich des Übermaßes und der Maßlosigkeit erwehren, indem er sein sinnliches Begehren um der Lust willen steuert und begrenzt, es eben dadurch aber gerade in einem qualitativen (nicht quantitativen) Sinn steigert. Auf diese Weise gewinnen die Freuden des Leibes eine geistige Qualität (ein gutes Essen ist dann mehr als bloß ein Mittel zur Beseitigung von Hungergefühlen), und umgekehrt enthalten die aus der Betätigung der Vernunft resultierenden Freuden eine sinnliche Komponente (das Lösen einer komplizierten Mathematikaufgabe wird dann von körperlichen Lustgefühlen begleitet). Selbst ein Philosoph wie AUGUSTINUS, der als zum Christentum bekehrter Bischof nicht müde wird, die Ausschweifungen in seiner Jugendzeit bitter zu beklagen, kann nicht umhin, seine geistige Beziehung zu Gott in der Sprache der Lust und des sinnlichen Genusses zu beschreiben:

> Gott, Licht meines Herzens und Brot meiner Seele, du männliche Kraft, die meinen Geist befruchtet und den Schoß meines Denkens [!] [...] noch hatte ich keinen festen Stand gewonnen im Genuß meines Gottes: Bald riß deine Schönheit mich zu dir hoch, bald riß mich mein Gewicht von dir weg, und stöhnend stürzte ich herab zu diesen irdischen Dingen, und dieses Gewicht war die fleischliche Gewohnheit. [...] Herr, [...] du wahre und einzige Lust [...], süßer als alle Wollust, freilich nicht für Fleisch und Blut. (*Bekenntnisse:* 47, 189, 223)

Die Vertreter des Lustprinzips unter den Philosophen – die Hedonisten – haben nicht die schiere Wollust als das Erstrebenswerteste ausgegeben; vielmehr rieten sie zu einem körperlich-seelischen Gleichgewicht, das allein für das Wohlbefinden entscheidend ist. EPIKUR hat dies beispielhaft ausgedrückt:

> Wenn wir also die Lust als das Endziel hinstellen, so meinen wir damit nicht die Lüste der Schlemmer und solche, die in nichts als dem Genusse selbst bestehen, wie manche Unkundige und manche Gegner oder auch absichtlich Mißverstehende meinen, sondern das Freisein von körperlichem Schmerz und von Störung der Seelenruhe. Denn nicht Trinkgelage mit daran sich anschließenden tollen Umzügen machen das lustvolle Leben aus, auch nicht der Umgang mit schönen Knaben und Weibern, auch nicht der Genuß von Fischen und sonstigen Herrlichkeiten, die eine prunkvolle Tafel bietet, sondern eine nüchterne Verständigkeit, die sorgfältig den Gründen für Wählen und Meiden in jedem Fall nachgeht und mit allen Wahnvorstellungen bricht, die den Hauptgrund zur Störung der Seelenruhe abgeben. Für alles dies ist Anfang und wichtigstes Gut die vernünftige Einsicht; daher steht die Einsicht an Wert auch noch über der Philosophie. Aus ihr entspringen alle Tugenden. Sie lehrt, daß ein lustvolles Leben nicht möglich ist ohne ein einsichtsvolles und sittliches und gerechtes Leben, und ein einsichtsvolles, sittliches und gerechtes Leben nicht ohne ein lustvolles. (*Epikuros:* 284)

MICHEL FOUCAULT hat den Umgang der Griechen und Römer mit der Sexualität anhand der Techniken und Strategien beschrieben, die den richtigen Gebrauch der Lüste im Rahmen der Sorge für das gute Leben regeln sollten. Der Kampf um Selbstbeherrschung spiegelt sich in der Diätetik, Ökonomik und Erotik von Praktiken wider, mittels welcher das (männliche) Subjekt die Dynamik der Lüste im Bewußtsein seiner sozialen Verpflichtungen zu mäßigen trachtete.

> Die moralische Lebensführung im Bereich der Lüste beruht auf einer Schlacht um die Macht. [...] Um sich im Gebrauch, den es von seinen Lüsten macht, als tugendhaftes und mäßigendes Subjekt zu konstituieren, muß also das Individuum ein Verhältnis zu sich herstellen, das zum Typ »Herrschaft/Gehorsam«, »Befehl/Unterwerfung«, »Meisterung/Gelehrigkeit« gehört (und nicht wie später in der christlichen Spiritualität zum Typ »Durchleuchtung/Versagung«, »Dechiffrierung/Reinigung«). Das ist es, was man die ›heautokratische‹ Struktur des Subjekts in der moralischen Praktik der Lüste nennen könnte. (*Lüste:* 88, 94)

Lust und Unlust sind elementare Gefühle, die zwar für Ideale aufgeopfert bzw. in Kauf genommen werden können, aber nur deshalb, weil dieses Ideal in der Erwartung mit einem desto größeren Lustgefühl besetzt ist. Die Erfahrung, daß der Zustand der Lust vorübergehend ist und in der Regel von einem Zustand der Unlust abgelöst wird, führt nach NIETZSCHE bei den »höheren Menschen« zu der Einsicht, daß auch die Unlust um der Lust willen begehrungswürdig ist, insofern sie das Streben nach Lust nicht nur ununterbrochen in Gang hält, sondern steigert:

> Sagtet ihr jemals ja zu einer Lust? Oh, meine Freunde, so sagtet ihr ja auch zu *allem* Wehe. Alle Dinge sind verkettet, verfädelt, verliebt, [...] was will nicht Lust! Sie ist durstiger, herzlicher, hungriger, schrecklicher, heimlicher als alles Weh, sie will *sich*, sie beißt in *sich*, des Ringes Wille ringt in ihr, [...] so reich ist Lust, daß sie nach Wehe durstet, nach Hölle, nach Haß, nach Schmach [...]. Die Welt ist tief,/ Und tiefer als der Tag ge-

dacht./ Tief ist ihr Weh –,/ Lust – tiefer noch als Herzeleid:/ Weh spricht: Vergeh!/ Doch alle Lust will Ewigkeit –./ – will tiefe, tiefe Ewigkeit! (*Z:* KSA 4, 403 f.)

Damit protestiert NIETZSCHE zugleich vehement gegen die christlich-metaphysische Lustfeindlichkeit: »Man sagt Lust und denkt an die Lüste, man sagt Sinn und denkt an die Sinnlichkeit, man sagt Leib und denkt an den Unterleib – und so hat man drei gute Dinge um ihre Ehre gebracht.« (*Nachlaß:* KSA 10, 132)

Die Psychoanalyse hat mit dem Lustprinzip die ursprünglichste, überschießende Kraft des Menschen benannt und durch Interpretation der Neurosen die schmerzlichen Wege aufgedeckt, die die Individuen zurücklegen mußten, um diese Kraft unter dem Druck der Realität zu kanalisieren oder zu sublimieren. HERBERT MARCUSE hat in Anlehnung an FREUD diesen Übergang vom Lustprinzip zum Realitätsprinzip geschildert:

> [...] das ungehemmte Lustprinzip gerät mit der natürlichen und menschlichen Umgebung des Individuums in Konflikt. Der Mensch gelangt zu der traumatischen Einsicht, daß die volle und schmerzlose Befriedigung seiner Bedürfnisse unmöglich ist. Nach dieser Erfahrung der Enttäuschung tritt ein neues Prinzip der seelischen Funktion in Erscheinung. Das Realitätsprinzip verdrängt das Lustprinzip: der Mensch lernt, augenblickliche, ungewisse und zerstörerische Lust zu Gunsten einer späteren, beschränkten, aber »gesicherten« Lusterfüllung aufzugeben. [...] Mit der Einführung des Realitätsprinzips wird der Mensch, der unter der Herrschaft des Lustprinzips kaum mehr als ein Bündel tierischer Triebe gewesen war, zum organisierten Ich. Er strebt nach dem, »was nützlich ist« und was er ohne Schaden für sich selbst und seine Außenwelt erlangen kann. Unter dem Realitätsprinzip entwickelt das menschliche Wesen die Funktion der *Vernunft:* Es lernt die Realität zu »prüfen«, zwischen gut und böse, wahr und falsch, nützlich und schädlich zu unterscheiden. (*Triebstruktur:* 19)

Die Verdrängung und Unterdrückung des Lustprinzips zugunsten des von der Vernunft installierten Leistungsprinzips hat jedoch einen hohen Preis, denn dessen Folgen sind repressive Strukturen, unter denen das Individuum seiner Antriebskraft mehr und mehr verlustig gegangen ist, so daß nach MARCUSE nun umgekehrt das Lustprinzip wieder gestärkt werden muß, um der Eindimensionalität des modernen Menschen entgegenzuwirken. Gedanken von KANT und SCHILLER aufgreifend, plädiert er für eine ästhetische »Entsublimierung der Vernunft« durch spielerische »Selbstsublimierung der Sinnlichkeit« (ebd. 194). Im Spiel kommt die Lust zwanglos zu sich selbst, entfaltet sich als »libidinöse Lust« (ebd. 217), die in allen Dimensionen unserer Lebenswelt schöpferische Kräfte freisetzt, welche die Leistungen von Arbeit und Produktion erotisieren, indem sie sie künstlerisch, mit den Mitteln der Phantasie gestalten. Hierin nähert sich MARCUSE jener von FOUCAULT analysierten antiken »Ästhetik der Existenz« an, die sich als »reflektierte Kunst einer als Machtspiel wahrgenommenen Freiheit« darstellte. (*Lüste:* 318)

Mit Eros und Kunst kommt eine Spielart von Lust in den Blick, die sich im Genuß des Schönen einstellt. Während die reine Sinnenlust qua Wollust eine primär körperliche Empfindung ist, hat die ästhetische Lust am Schönen neben der sinnlichen noch eine formale Komponente, die bewirkt, daß der als schön empfundene Gegenstand nicht nur den Sinnen, sondern auch den geistigen Vermögen gefällt. Das Gleichmaß, die Harmonie, die sich in der Anordnung von Farben oder Tönen zum Ausdruck bringen, versetzen auch den Betrachter bzw. Hörer in einen ausgeglichenen Zustand, der den Kunstgenuß als eine Lust erleben läßt, welche den Menschen ganz ergreift, da sie das Gemüt so erfüllt, daß Verstand und Vernunft davon absehen, das Schöne als theoretisches oder praktisches *Objekt* zu begreifen, um sich – befreit vom Zwang der erkenntnis- und handlungsbegründenden Bestimmung des Gegebenen – ganz der Freude daran hinzugeben. Zuständig für das Schöne ist nach KANT die ästhetische Urteilskraft, die als Geschmacksvermögen die als schön behaupteten Gegenstände einerseits auf das Gefühl der Lust und

Unlust und andererseits auf das Prinzip der Zweckmäßigkeit bezieht, das (im Unterschied zum alltäglichen Sprachgebrauch) die formgebende, eben die ästhetische Struktur des als schön Beurteilten benennt. In seiner Analyse des ästhetischen Urteils hat KANT vier Momente des Schönen herausgearbeitet:

> Der Gegenstand eines [...] Wohlgefallens *[ohne alles Interesse]* heißt *schön*.
> *Schön* ist das, was ohne Begriff allgemein gefällt.
> *Schönheit* ist Form der *Zweckmäßigkeit* eines Gegenstandes, sofern sie *ohne Vorstellung eines Zwecks* an ihm wahrgenommen wird.
> *Schön* ist, was ohne Begriff als Gegenstand eines *notwendigen* Wohlgefallens erkannt wird. (*KU:* AA 5, 211, 220, 236, 240)

Die Lust am Schönen ist interesselos, weil das Schöne nicht der Befriedigung natürlicher oder praktischer Bedürfnisse dient, sondern um seiner selbst willen gefällt. Sie ist begriffslos, weil das Schöne nicht Gegenstand eines Erkenntnisurteils ist und entsprechend nicht durch eine kategoriale Bestimmung des Verstandes begründet ist. Sie ist zweckfrei, weil das Schöne nicht Gegenstand eines moralischen Urteils ist und sich daher durch Unabhängigkeit von den Zielsetzungen der praktischen Vernunft auszeichnet. Und sie ist ein notwendiges Wohlgefallen, weil sie nicht ein privates Gefühl anzeigt, sondern einen von KANT als Gemeinsinn bezeichneten intersubjektiven Geschmack, dessen ästhetischen Urteilen eine quasi-objektive Gültigkeit zukommt. In jedem Individuum, das seinen Geschmack nach Regeln der Kunst gebildet hat, findet sich das nämliche harmonische Spiel der Gemütskräfte, das jene ästhetische Stimmung erzeugt, die als schön empfunden wird.

Schon PLATON hatte einen engen Zusammenhang zwischen Eros und dem Schönen gesehen, insofern sich ihm das Schöne als das Liebenswerte darstellte. Er unterschied jedoch zwischen einem Schönen, das an der Sache festgemacht wird (schöne Gegenstände, schöne Körper), und jenem Schönen, das – gleichsam im Auge des Betrachters liegend – in die Dinge hineingeschaut wird (schöne Handlungen, schöner Charakter, schöne Erkenntnisse, schöne Seele), und von diesen wiederum die Idee des Schönen, die das Auge dazu befähigt, Schönes aufgrund seiner ›Teilhabe‹ an der Idee des Schönen ästhetisch wahrzunehmen. Als wahrer Liebhaber des Schönen erweist sich derjenige, der alle Stufen des Schönen – angefangen vom materiell Schönen bis hin zum geistig Schönen – kennt und hinsichtlich der das Schöne erzeugenden Bedingungen zu durchschauen vermag:

> Denn dies ist die rechte Art, sich auf die Liebe einzulassen oder von einem andern dazu angeführt zu werden, daß man, von diesem einzelnen Schönen beginnend, jenes einen Schönen wegen immer höher hinaufsteige, gleichsam stufenweise von einem zu zweien, und von zweien zu allen schönen Gestalten, und von den schönen Gestalten zu den schönen Sitten und Handlungsweisen, und von den schönen Sitten zu den schönen Kenntnissen, bis man von den Kenntnissen endlich zu jener Kenntnis gelangt, welche von nichts anderem als eben von jenem Schönen selbst die Kenntnis ist, und man also zuletzt jenes selbst, was schön ist, erkenne. (*Symposion:* 211b–d)

Das Schöne selbst kann als solches nicht sinnlich angeschaut werden, und doch spricht PLATON von einer *Schau* der Ideen, was darauf hinweist, daß die Seele, wenn sie unter Abstraktion von den empirisch-stofflichen Eigenschaften etwas auf sein unvergängliches Wesen hin betrachtet, keine bloß intellektuelle Leistung vollbringt, sondern im Akt des Schauens das Geschaute genießt, sich daran freut und das Ideelle als bleibend Vollendetes mit einer ästhetischen Empfindungsqualität versieht.

Was das Schöne sei und wodurch es im Betrachter ästhetische Lust bewirkt, darüber gingen die Meinungen der Philosophen auseinander. Während die einen das Schöne auf symmetrische bzw. regelmäßige Verhältnisse oder bestimmte Proportionen zurückführten, definierten andere Schönheit als Vollkommenheit und wieder andere als Nützlichkeit, wogegen EDMUND BURKE einwendete:

[...] nach diesem Prinzip würde die keilförmige Schnauze eines Schweines mit den zähen Knorpeln am Ende, seine kleinen, tiefliegenden Augen und die ganze Beschaffenheit seines Kopfes, der der Aufgabe des Wühlens und Grabens so trefflich angepaßt ist, außerordentlich schön sein. Der große Beutel, der am Schnabel des Pelikans hängt und für dieses Tier ein höchst nützliches Ding ist, müßte in gleichem Grade schön für unsere Augen sein. [...] Ich brauche kaum etwas über den Rüssel des Elefanten zu sagen, der von so mannigfachem Nutzen ist und so wenig zur Schönheit seines Besitzers beiträgt. Wie wohlgebaut ist der Wolf zum Rennen und Springen, wie bewunderungswürdig ist der Löwe zum Kampf gerüstet! Aber will deshalb irgend jemand Elefant, Wolf und Löwe als schöne Tiere bezeichnen? Ich glaube, niemand wird die Beine des Menschen für so geeignet zum Rennen halten wie die des Pferdes, des Hundes, des Rehes und vieler anderer Geschöpfe; wenigstens sehen sie nicht so aus, und doch wird ein wohlgebildetes menschliches Bein alle anderen bei weitem an Schönheit überragen. [...] Ich hatte in meinem Leben niemals die Gelegenheit, einen Pfau fliegen zu sehen, und doch war ich schon lange [...] von der ungewöhnlichen Schönheit betroffen worden, die den Pfau weit über viele der am besten fliegenden Vögel der Welt erhebt [...]. Um nun diese Beispiele aus fremden Gattungen zu verlassen: wenn Schönheit in unserer eigenen Gattung an den Nutzen geknüpft wäre, so müßten Männer viel lieblicher sein als Frauen [...]. (*Ideen vom Erhabenen und Schönen:* 190f.)

SCHILLER definierte Schönheit »als Freiheit in der Erscheinung« (*Kallias:* 261), womit er zum Ausdruck bringen wollte, daß wir Gegenstände, die wir schön nennen, so beurteilen, als ob sie sich selbst – autonom – bestimmt, sich gleichsam selbst eine Form gegeben hätten. Diese »Vorstellung des Voninnenbestimmtseins« (ebd. 270) erweckt den Anschein von Regelfreiheit, die den Grund für die ästhetische Lust abgibt. Ganz ähnlich erläuterte HEGEL das Schöne als »das sinnliche *Scheinen* der Idee« (*Ästhetik:* Werke 13, 151), als vollständige Durchdringung von Form und Stoff derart, »daß sie gegeneinander den Schein selbständiger Freiheit bewahren«, indem die Notwendigkeit des Begriffs sich »hinter dem Schein absichts-

loser Zufälligkeit« verbirgt. (Ebd. 316) KARL ROSEN-
KRANZ schließlich redete einer »Ästhetik des Häßlichen«
das Wort, der gemäß wir auch das »Negativschöne« genießen können, insofern es die Folie abgibt, auf welcher
sich das Schöne kontrastierend umreißen läßt.

> Die Kristalle können sich in ihrer starren Regelmäßigkeit, wenn
> sie im Akt ihrer Formation gehemmt werden, empirisch unvoll-
> kommen ausbilden, in ihrem Begriff aber liegt die Schönheit
> der stereometrischen Gestalt. Die Pflanzen können verstüm-
> melt werden oder von innen her abwelken und sich entstal-
> ten, aber ihrem Begriff nach sind sie schön. [...] Daß das Böse
> als das Geisthäßliche, wenn es habituell wird, die Physiogno-
> mie des Menschen verhäßlichen müsse, liegt in seinem Wesen,
> weil es diejenige Unfreiheit ist, die aus der freien Negation der
> wahrhaften Freiheit entspringt. [...] Einzelne Verkehrtheiten
> und Laster gewinnen ihren bestimmten physiognomischen Aus-
> druck. Neid, Haß, Lüge, Geiz, Wollust arbeiten ihnen eigentüm-
> liche Formen aus. [Dennoch kann bis zu einem gewissen Grad
> selbst der böse Mensch] Schönheit zeigen, sofern er neben sei-
> nen Untugenden und Lastern auch Tugenden, selbst Gemüt
> besitzen kann. Namentlich wird er oft formale Freiheit, Klug-
> heit, Vorsicht, Besonnenheit, Selbstbeherrschung, Ausdauer
> haben, wodurch Verbrecher sogar mit einem gewissen ritter-
> lichen Schwung und Adel hervorstechen. [...] Weil der Leib im
> Verhältnis zum Geist einen nur symbolischen Wert ansprechen
> darf, so erklärt sich, wie es möglich wird, daß ein Mensch kör-
> perlich sogar häßlich sein kann, schief gewachsen, von unre-
> gelmäßigen Gesichtszügen, blatternarbig, und daß er doch dies
> alles nicht nur kann vergessen lassen, sondern noch mehr, daß
> er diese unglücklichen Formen von innen heraus mit einem
> Ausdruck zu beleben vermag, dessen Zauber uns unwidersteh-
> lich hinreißt (*Ästhetik des Häßlichen*: 338, 342f.).

Denken, Wollen, Handeln und Glauben vollenden sich – so
könnte man sagen – im Genießen, denn ohne ein Gefühl
der Lust wird das Streben nach Erkenntnis und Wahrheit
zu einer staubtrockenen Sache, verkommt das Streben
nach dem Guten und dessen praktische Umsetzung zur
lästigen Pflichterfüllung, erstarrt der religiöse Glaube an
einen Gott in gebetsmühlenartiger Wiederholung des bloß

Rituellen. Erst die Freude an dem, was man tut, macht die körperlichen und geistigen Verrichtungen zu einer menschlichen Angelegenheit. Belebt durch Phantasie und Einbildungskraft werden die menschlichen Vollzüge ästhetisiert und grenzüberschreitend miteinander vernetzt, so daß der Mensch selber in seiner Gesamtheit als ein Kunstwerk erscheint, dessen Schönheit in seiner dynamischen Vielfalt besteht, die aufgrund ständiger Um- und Neuformung ein wechselvolles Spiel vor Augen führt.

6. Kollektive Hirngespinste: Utopien

*Aller Augen blickten zum Himmel auf; in dem mor-
gendlich keuschen Blau zitterte ein kaum erkennbarer
Punkt, bald dunkel, bald im Licht blitzend. Das war
Er, der von den Himmeln zu uns herniederstieg, ein
neuer Jehova im Flugzeug, weise gütig und streng wie
der Gott der Alten. Mit jeder Minute kam Er näher,
immer höher schlugen Ihm Millionen Herzen entgegen.
Jetzt mußte Er uns sehen! Im Geiste schaute ich mit
Ihm auf die Menge herab, auf die punktierten Linien
der konzentrisch angeordneten Tribünen, die wie Krei-
se eines Spinnennetzes waren. Im Zentrum dieses Netzes würde sich gleich eine weiße, weise Spinne nieder-
lassen, der Wohltäter in weißer Uniform, der uns in
seiner Weisheit unsere Hände und Füße mit den starken Fäden des Glücks gebunden hat.*

(SAMJATIN, *Wir: 132f.*)

Von Anfang an haben die Menschen sehnsüchtig auf ein
goldenes Zeitalter, einen paradiesischen Zustand zurück-
geblickt, in welchem keine Not herrschte und niemand
dem anderen Leid zufügte. Übereinstimmend wurde der
Verlust dieser ursprünglich heilen Welt menschlicher Maßlosigkeit und Selbstüberheblichkeit zugeschrieben, die dazu
führten, daß die ›ersten‹ Menschen sich nicht mehr mit dem
qualitativ Besten begnügten, sondern in der wahnhaften Vorstellung eines *quantitativen* Immer-mehr, Immer-größer,
Immer-besser etwas zu steigern suchten, das einer Maximierung oder Optimierung nicht fähig war. Die Folge dieses
›Sündenfalls‹ bestand in einer Verschlechterung der con-
ditio humana: Geplagt von physischen und moralischen
Übeln, unter der Ungerechtigkeit repressiver hierarchischer
Strukturen leidend, in Streit und Kriege verwickelt, mußte
von nun an jedes Individuum ums Überleben kämpfen, der
Natur seine Nahrung abringen, seine Habe und seine Nach-
kommen vor feindlichen Übergriffen schützen und danach
trachten, soviel Macht wie möglich zu erwerben.

Das gescheiterte Konzept einer quantitativen Überhöhung des goldenen Anfangszustandes nötigte zu Überlegungen, wie die bestehenden Verhältnisse verbessert werden könnten, nachdem eine umstandslose Rückkehr zu den Anfängen nicht mehr möglich war. Es wurden Konstrukte einer menschenwürdigen Welt entwickelt, die auf der Hoffnung beruhen, daß die Vernunft die Menschen dazu bringen möge, in einem friedlichen Umfeld miteinander zu kooperieren, anstatt sich zu bekriegen und totzuschlagen. Solche Idealentwürfe einer vernünftigen Interaktionsgemeinschaft heißen Utopien. Während die klassischen Utopien übergeschichtliche Modelle sind, die in gleichsam *vertikaler* Dimension eine normative Orientierungshilfe bieten sollen, verstehen sich die modernen Utopien als Zeitutopien, die in *horizontaler* Dimension eine ideale Gesellschaft in der näheren oder ferneren Zukunft beschreiben, auf die zuzusteuern wir in der Hand haben. Sowohl die vertikalen als auch die horizontalen Utopien sind – wie es die Bedeutung des Ausdrucks ou topos = kein Ort, nirgends – nahelegt, ortlos in dem Sinn, daß sie entweder (als normative Konstrukte) *prinzipiell* keine Raum-Zeit-Stelle haben oder (als Zukunftsentwürfe) *noch* nicht verwirklicht sind, aber dereinst empirisch anzutreffen sein werden. Im Unterschied zu den positiven horizontalen Utopien, die einen schlechthin wünschenswerten Endzustand der Menschheit darstellen, wollen die negativen horizontalen Utopien mit ihren Horrorszenarien abschrecken, indem sie auf jene Hölle aufmerksam machen, die wir uns durch eine ideologische, fundamentalistische Diktatur – sei es im Namen des Guten und Gerechten, sei es um der globalen Macht willen – mit den Mitteln einer verabsolutierten Gewalt selbst bereiten.

Den meisten Utopien ist gemeinsam, daß sie auf ethischen Prinzipien ein politisches Gebilde aufbauen, welches in Gestalt einer klassenlosen Gesellschaft die Ideen der Gerechtigkeit und Gleichheit aller Mitglieder realisiert hat. Selbst wenn aus Gründen der Arbeitsteilung an verschiedenen Ständen oder Klassen festgehalten wird, ist damit nicht eine die einen privilegierende, die anderen diskriminierende Wertung verbunden; vielmehr sorgt eine grundsätzliche moralische und rechtliche Gleichrangigkeit aller dafür, daß niemand in unzulässiger Weise bevorzugt oder benachteiligt wird. Obwohl das Wort *Utopie* erst von THOMAS MORUS im Jahre 1516 durch sein gleichnamiges Werk geprägt wurde, finden sich bereits lange vor ihm Entwürfe eines gerechten Idealstaates, die den Charakter des Utopischen aufweisen. So hat PLATON nicht weniger als drei utopische Konstrukte vorgelegt und – wenn auch erfolglos – den Versuch unternommen, seine Vision in Sizilien zu verwirklichen. Handelt es sich im Dialog *Kritias* um eine rückwärts gewandte Utopie, die den moralischen Verfall und den von den Göttern herbeigeführten Untergang des Titanengeschlechts erzählt (vgl. *Kritias:* 113a–121c), so finden sich in der *Politeia* und in den *Nomoi* vertikale Konstrukte eines gerechten Staates, die PLATON als Gegenmodelle gegen den durch und durch korrupten ›Höhlenstaat‹ konzipierte, in dem jeder nur seinen eigenen Nutzen im Auge hat und darüber das Gesamtwohl vernachlässigt.

Der gerechte Staat wird aus drei Ständen gebildet, deren Zusammenhalt durch die allen Bürgern der Polis gemeinsame Tugend der Gerechtigkeit gewährleistet wird. PLATON begründet dies unter Hinweis auf die Dreiteilung der Seele, die aus einem begehrlichen, einem eifernden und einem vernünftigen Teil zusammengesetzt ist. Wie das Individuum dafür Sorge tragen muß, daß es durch Ausbildung der Tugenden Besonnenheit, Tapferkeit und Weisheit den verschiedenen seelischen Ansprüchen gerecht wird, so kann auch der Staat als großer Organismus nur funktionieren, wenn der für die Befriedigung der leiblichen Bedürfnisse zuständige Stand der Bauern und Handwerker auf besonnene Weise ebenso das Seine tut wie der für den Schutz der Polis verantwortliche Stand der Militärs, der sich tapfer um die Kriegsangelegenheiten zu kümmern hat, und der für die Regierung vorgesehene Stand der Archonten, dem es obliegt, die Staatsgeschäfte mit Weisheit zu leiten. Wie ein Mensch ungerecht wird, wenn er nicht mehr seiner Vernunft gehorcht, sondern seinen Begierden folgt, so wird auch ein Staat entarten, wenn nicht mehr die Vernünftigen herrschen, sondern solche, die zwar von Ackerbau oder Kriegsführung etwas verstehen, für die Politik aber keine Kompetenz besitzen. Gerechtigkeit besteht also im kleinen wie im großen darin, daß jeder das Seine tut und damit zum guten Gelingen des Ganzen beiträgt. (*Politeia:* 427c–445e)

Für die Umsetzung der Utopie des gerechten Staats nennt PLATON drei Bedingungen. Die *erste* fordert Gleichheit für alle Mitglieder der Polis, und zwar sowohl die grundsätzliche Gleichheit von Männern und Frauen als auch Chancengleichheit in bezug auf den Zugang zu allen Ständen. Gleiche Erziehung aller Kinder ist dafür die Voraussetzung. Als *zweite* Bedingung nennt PLATON die Abschaffung des Eigentums sowie die Frauen- und Kindergemeinschaft beim Stand der Krieger. Dadurch würde die Tapferkeit gefördert, weil alle untereinander verwandt sind, so daß bei feindlichen Angriffen jeder bestrebt ist, anstelle bloß der eigenen Familie den ganzen Clan zu schützen. Die *dritte* Bedingung des gerechten Staats besteht darin, daß seine Leitung in die Hände derer gelegt werden soll, die es gewöhnt sind, nach Einsicht zu handeln und nicht nach bloßer Willkür: die Philosophen:

Wenn nicht [...] entweder die Philosophen Könige werden in den Staaten oder die jetzt so genannten Könige und Gewalthaber wahrhaft und gründlich philosophieren und also dieses beides zusammenfällt, die Staatsgewalt und die Philosophie, [...] eher gibt es keine Erholung von dem Übel für die Staaten. (Ebd. 473c–d)

Der Philosoph kennt aufgrund einer jahrzehntelangen Ausbildung in den Wissenschaften und insbesondere durch Einübung in die dialektische Methode die Ideen des Wahren, des Guten und des Schönen und hat eine normative Vorstellung vom gerechten Staatswesen, für deren Konkretisierung er optimale Maßnahmen finden und erproben muß.

PLATONS Staatsutopie hat das Vorbild für die späteren Entwürfe einer idealen Gesellschaft abgegeben, wenn man noch ein Moment hinzunimmt, das in den *Nomoi* Erwähnung findet, die Fiktion nämlich, daß eine Gruppe von Menschen, die nach einer gewaltigen Überschwemmung (vgl. *Nomoi:* 677a) übrig geblieben sind, sich zusammenschließen und auf einem abgelegenen Fleckchen Erde wieder ganz von vorn anfangen, indem sie in Erinnerung an das Schlechte der untergegangenen Staaten nach dessen Ursachen fragen, um in ihrem Konzept eines neuen Staats die alten Fehler zu vermeiden und Gesetze zu entwerfen, die freier, gleicher und gerechter Menschen würdig sind.

Auch die Renaissance-Utopisten haben Totalentwürfe einer gesellschaftlichen Gesamtordnung vorgelegt, die als Vorbilder für alle Formen menschlicher Gemeinschaft dienen sollen. Wie PLATON nahmen sie ihren Ausgang bei kritikwürdigen sozialen und politischen Verhältnissen ihrer Zeit, um damit kontrastierend die Lebensform eines konfliktfreien Miteinanders antizipatorisch zu beschreiben. Solche utopischen Konstrukte sind Gebilde der Phantasie, die einen unbedingten Anspruch der praktischen Vernunft – die Prinzipien des Guten, der Gerechtigkeit und gleichen Freiheit – veranschaulicht, indem sie die Vorstellung vom schlechthin guten Menschen unter Lebensbedingungen konkretisiert, die als humane gelten können. So läßt sich der Politiker THOMAS MORUS in dem »wahrhaft goldenen Büchlein von der besten Staatsverfassung und von der neuen Insel Utopia« von einem fiktiven Erzähler namens RAPHAEL HYTHLODEUS (= ›erfahren im Unsinn‹ oder ›Feind leerer Worte‹) über die Verhältnisse auf jener abgelegenen, irgendwo im Indischen Ozean situierten Insel Utopia berichten, auf welcher seit der Gründung des Staates der Kommunismus als die beste, da die soziale Gleichheit aller verwirklichende Verfassung praktiziert werde. »So ist die ganze Insel gleichsam eine einzige Familie« (*Utopia:* 64). Haß, Neid und Streit wie überhaupt jeglichem Egoismus ist der Boden entzogen, da es keinen persönlichen Besitz mehr gibt; allen gehört alles. Gleiche Kleider, gleiche Wohnungen, gleiche Verteilung von Gütern und Nahrungsmitteln und der in regelmäßigen Abständen vollzogene Wechsel von der Stadt auf das Land sorgen dafür, daß niemand bevorzugt oder benachteiligt wird. Vor einer Eheschließung werden die beiden Partner einander unter Aufsicht nackt vorgeführt, denn schließlich kaufe man auch kein Pferd ohne genaue vorherige Begutachtung. Überdies seien

> keineswegs alle Männer so vernünftig, daß sie bloß auf den Charakter sehen, und auch in den Ehen der vernünftigen Menschen spielen die körperlichen Vorzüge neben den sittlichen Eigenschaften keine unbedeutende Rolle. Jedenfalls kann unter jenen Hüllen eine so abstoßende Häßlichkeit verborgen sein, daß sie den Mann der Frau völlig zu entfremden vermag, während die körperliche Trennung nicht mehr möglich ist. (Ebd. 82)

Der Wert von Gold, Silber und Schmuck wird heruntergespielt, ja geradezu verächtlich gemacht, indem man aus den kostbarsten Materialien Nachtgeschirre und Sklavenketten herstellt. Die Gruppe der Sklaven setzt sich aus Verbrechern (wenigen eigenen sowie aus anderen Ländern aufgekauften), fremden Tagelöhnern, die sämtliche bei den Utopiern als schmutzig und unwürdig geltenden Arbeiten wie Jagen und Schlachten verrichten, und Kriegsgefangenen zusammen. Kriege werden nur im äußersten Notfall geführt, wenn anders der Frieden nach außen nicht erhalten werden kann und die eigene Elitegesellschaft gefährdet ist.

Während in der *Utopia* des THOMAS MORUS den Staatsgeschäften und den sie betreibenden Politikern wenig Raum geschenkt wird, da mit der Einrichtung vernünftiger Institutionen und der Organisation in Familienverbänden langfristig für das Gesamtwohl bestens gesorgt ist, so daß sich die politischen Funktionen im Verwalten des Status quo erschöpfen, hat TOMMASO CAMPANELLA seinen *Sonnenstaat* so konzipiert, daß er ihm in Gestalt seiner politischen Repräsentanten gleichsam ein moralisches Rückgrat verpaßte, indem er die der PLATONischen Utopie zugrunde liegenden Tugenden personalisierte. Die drei obersten Staatsbeamten heißen Pon, Sin und Mor. Der Pon (von potentia) verkörpert die Macht und damit die Tugend der Tapferkeit, der Sin (von sapientia) die Weisheit und damit die Tugend der Vernünftigkeit, der Mor (von amor) die Liebe und damit die Tugend der Besonnenheit. Ihnen übergeordnet als ranghöchster Regent ist der Sol oder Metaphysikus als Fleisch gewordene Idee des Guten und Stellvertreter Gottes. Als Kompetenzbereiche werden ihnen die Ressorts Kriegswesen (Pon), Bildung und Erziehung (Sin) sowie Gesundheitswesen und Fortpflanzung (Mor) zugeteilt, während dem Sol die Koordination aller drei Bereiche obliegt – und zwar nach Maßgabe der Gerechtigkeit. Das durch den Sol zusammengehaltene Triumvirat bildet die Spitze des Sonnenstaats und ist gewissermaßen eine weltliche Konkretisierung der Macht, Weisheit und Liebe Gottes bzw. – christlich gewendet – des dreieinigen Gottes, wobei Gottvater die Macht, Jesus Christus die Liebe und der Heilige Geist die Weisheit repräsentiert. Alle drei zusammen ergeben den in sich geeinten Gott, als dessen irdischer Stellvertreter der Sol zu begreifen ist. Insofern stellt die Spitze des Sonnenstaats im kleinen eine Konkretisierung des Wesens Gottes dar, das dann im großen in der Gemeinschaft der Sonnenstaatler politische Realität erhält.

Universalbildung für alle, gezielte, astrologisch unterstützte Fortpflanzung, Frauen- und Kindergemeinschaft, Eigentumslosigkeit und Verzicht auf Sklaven gelten im Sonnenstaat als wünschenswert. Die den drei großen Kompetenzbereichen unterstellten Behörden tragen die Namen von speziellen Tugenden: So gibt es ein Amt für Großmut, eines für Keuschheit, ein anderes für Gewissenhaftigkeit, Dankbarkeit, Nüchternheit, Heiterkeit u.a. (*Sonnenstaat:* 124) Diese Institutionalisierung menschlicher Tugenden weist darauf hin, daß die Sonnenstaatler die von ihnen ausgezeichneten Handlungsmuster in einer Art personalisiertem Moralkodex ständig vor Augen haben, es also nicht dabei belassen, die moralischen Normen in einem Regelkatalog schriftlich zu verzeichnen oder als stillschweigend anerkannte, ungeschriebene Regeln zu tradieren. Die religiös überhöhte praktische Vernunft hat auf diese Weise empirische Gestalt angenommen.

FRANCIS BACONS *Nova Atlantis* ist die am modernsten anmutende klassische Utopie, von welcher aus sich der Bogen zu den schwarzen Utopien des 20. Jahrhunderts schlagen läßt. Wie bereits in CAMPANELLAS Sonnenstaat werden auch die Bürger der Insel Bensalem durch eine in ihrem Kern religiöse Gruppe regiert: nämlich durch das Haus Salomons bzw. die Gesellschaft der Werke der sechs Tage. Auch diese der Idee der Humanität verpflichteten priesterlichen Regenten sind zugleich Wissenschaftler, die die göttliche Schöpfung zu durchdringen und mit menschlichen Mitteln zu wiederholen trachten, womit sie den hohen technischen Standard begründen, von dem die Einrichtungen der Insel zeugen. Der König erläutert:

> Der Zweck unserer Gründung ist die Erkenntnis der Ursachen und Bewegungen sowie der verborgenen Kräfte in der Natur und die Erweiterung der menschlichen Herrschaft bis an die Grenzen des überhaupt Möglichen. (*Neu-Atlantis:* 205)

Die Erforschung der Natur und ihrer Gesetze stellt eine ausgezeichnete Weise der Kommunikation mit Gott als deren Urheber dar und ermöglicht die experimentelle Herstellung einer zweiten Natur: Windmaschinen, künstliche Quellen, Imitation sämtlicher Wettererscheinungen, Erprobung von Heilmitteln durch Tierversuche, Wärmeerzeugung, optische Geräte, akustische Hilfsmittel, Flugzeuge, Unterwasserboote, Luft- und Wasserwerke, tierische und menschliche Automaten und Roboter – dies alles »ist der Reichtum des Hauses Salomon« (ebd. 213), wie ihn die technische Phantasie BACONS zu Beginn des 17. Jahrhunderts mit erstaunlicher Voraussicht zu beschreiben vermochte.

Was in den klassischen Utopien über der Betonung des Allgemeinwohls zu kurz kommt, ist das individuelle Wohl und damit auch die Entscheidungsfreiheit des einzelnen, dem sein Glück staatlich verordnet wird nach Maßgabe des kollektiven Nutzens. Dieses fast an Terror grenzende Diktat der praktischen Vernunft haben die modernen Utopien karikiert, aber zugleich auch die Kosten einer expandierenden Wissenschaft und Technik für eine Gesellschaft aufgezeigt, die kein religiös-patriarchales Fundament mehr anerkennt. Glaubte MARX, der als einer der ersten keine vertikale, sondern eine horizontale Utopie als Sozialutopie entwickelte, noch daran, daß die kommunistische als die höchste, da herrschaftsfreie Lebensform sich nach der Revolution des Proletariats am Ende der Geschichte als ein Reich der Freiheit verwirklichen würde, so zeichnen die Anti-Utopien dessen radikales Gegenteil. Das Erschreckende daran resultiert nicht daraus, daß anstelle des guten Menschen der böse Mensch das Modell für das utopische Konstrukt abgibt, sondern die Einsicht, daß die Prinzipien des Guten selbst ambivalent sind, insofern sie in ihr Gegenteil umschlagen, sobald sie verabsolutiert werden. HERBERT GEORGE WELLS hat in seiner *Zeitmaschine* eine im Verlauf von 800 000 Jahren mehr und mehr entartende Menschheit beschrieben, die schließlich untergeht, nachdem sie alles Menschliche in sich abgetötet hat. In ihrem Endstadium findet der Zeitreisende eine Zweiklassengesellschaft vor: oberhalb der Erde die schöne Rasse der »Eloi«, eine heiter-ästhetische Gemeinschaft von kindlichen Nichtstuern, unterirdisch die »Morlocks«, fast blinde Höhlenmenschen, die im Untergrund große Maschinen betätigen. Ging er zunächst davon aus, daß diese Konstellation eine Folge der Festschreibung des Kapitalismus war, der schließlich die Arbeiter in die Unterwelt verdrängt hatte, von wo aus sie »aus einer langen Tradition des Dienens heraus« (*Zeitmaschine:* 69) die oberirdischen Besitzenden zu versorgen hatten, so mußte er feststellen, daß das Verhältnis zwischen Besitzenden und Besitzlosen sich auf eine extreme Weise umgekehrt hatte. Der ehemalige Sklave hat sich zum Herrn aufgeschwungen derart, daß er sich die Herrenrasse buchstäblich einverleibt.

Diese Eloi waren lediglich gemästetes Vieh, das die ameisengleichen Morlocks hüteten und jagten. [...] Ich verstand jetzt, was alles die Schönheit der Oberweltler verschleierte. Sehr angenehm waren ihre Tage, angenehm wie die Tage des Rindviehs auf der Weide. Wie das Vieh kannten sie keine Feinde und trafen keinerlei Vorsorge gegen Nöte. Und ihr Ende war das gleiche. Voller Schmerz dachte ich daran, wie kurz der Traum der menschlichen Intelligenz gewesen war. Sie hatte Selbstmord begangen. Sie hatte unbeirrt nach Bequemlichkeit und Mühelosigkeit gestrebt, nach einer ausgewogenen Gesellschaft mit Sicherheit und Dauerhaftigkeit als Parole, sie hatte ihre gesteckten Ziele erreicht – und schließlich dies dafür bekommen. (Ebd. 74, 92)

Kannibalismus als Konsequenz des Sozialismus, dessen Ideal immerwährender Harmonie nach WELLS zu einer Abstumpfung des Geistes führt, reduziert die Mitmenschlichkeit auf den Mechanismus des Fressens und Gefressenwerdens. Man kann das Gute – Gerechtigkeit, Gleichheit, Frieden – nicht ohne ständige Auseinandersetzung mit den Möglichkeiten des Bösen haben, wenn Freiheit den Horizont von Gut und Böse als alternative Handlungsqualitäten setzt. WELLS' Kritik an den Sozialutopien läuft darauf hinaus, daß sie einen unüberbietbar guten Endzustand herstellen wollten, in der Meinung, daß sich dadurch das Böse vollständig eliminieren ließe. Doch das Gegenteil ist der Fall. Ohne Widerstand tritt eine fatale Stagnation ein, die den Menschen physisch wie mental unterfordert; seine Fähigkeiten erschlaffen, und er regrediert entweder in die verspielte Infantilität der *Eloi* oder auf die Stufe der moralisch verkümmerten *Morlocks*, bei denen technische Rationalität und Nutzenkalkül zur Verrohung geführt haben.

JEWGENIJ SAMJATIN und ALDOUS HUXLEY haben in ihren Anti-Utopien daraus die letzte Konsequenz gezogen und das Freiheitsprinzip dem sozialen Glück aufgeopfert. Nur der gläserne, numerierbare, ab ovo manipulierte Mensch, ist ein guter Mensch, da seine Abweichungen vom für ihn vorgesehenen Programm jederzeit kontrollierbar und seine Handlungen berechenbar sind. Der Ingenieur Nr. D-503 in SAMJATINS *Wir* beklagt den »unzivilisierten Zustand der Freiheit« seiner Vorfahren und preist »ein mathematisch-fehlerfreies Glück«, das durch eine wissenschaftliche Ethik propagiert wird, »die auf Subtraktion, Addition, Division und Multiplikation beruht.« (*Wir:* 5, 17)

> Ist die Freiheit des Menschen gleich Null, begeht er keine Verbrechen. Das ist völlig klar. Das einzige Mittel, den Menschen vor dem Verbrechen zu bewahren, ist, ihn vor der Freiheit zu bewahren. [...] Jene beiden im Paradies waren vor die Wahl gestellt: entweder Glück ohne Freiheit – oder Freiheit ohne Glück. Und diese Tölpel wählten die Freiheit – wie konnte es anders sein! Und die natürliche Folge war, daß sie sich jahrhundertelang nach Ketten sehnten. (Ebd. 37, 61)

Gesiegt habe schließlich die Masse über den einzelnen, die Summe über die Zahl, und wer anfängt, sich seiner selbst als eines Individuums bewußt zu werden, bei dem hat sich krankhafterweise »eine Seele gebildet«, deren Sitz das »Zentrum der Phantasie« im Gehirn ist. Erst nachdem dieses durch Bestrahlung wieder zum Verschwinden gebracht worden ist, kann der uralte Traum vom Paradies wirklich werden.

> Im Paradies haben die Menschen keine Wünsche mehr, sie kennen kein Mitleid, keine Liebe, dort gibt es nur Selige, denen man die Phantasie herausoperiert hat (sonst wären sie nicht glücklich), Engel, Knechte Gottes ... (Ebd. 197)

Ein solches, als totalitäre Einheitsgesellschaft konzipiertes, Paradies ist auch HUXLEYS *Schöne neue Welt*, eine Retortengesellschaft, in welcher alle Lebensprobleme und Konflikte von vornherein ein für allemal gelöst sind, da niemand mehr imstande ist, von seiner staatlichen Normierung abzuweichen, und alle Bürger sind, unabhängig davon, welcher der fünf Klassen – von den hochintelligenten Alphas bis zu den schwachsinnigen Epsilons – der einzelne angehört, »chemikalisch-physikalisch gleich«, dem jeweiligen gesellschaftlichem Bedarf entsprechend künstlich erzeugt. Auch die Bürger dieses Staats sind glücklich, und zwar ununterbrochen, da sie keine Wahl mehr haben. Die Qual, sich entscheiden zu müssen, entfällt für den einzelnen, denn

> Seine Normung hat Schienen vor ihn hingelegt, auf denen er laufen muß. Er kann nicht anders, es ist ihm vorbestimmt. [...] Die Vorsehung läßt sich von Menschen soufflieren. [...] Jede Änderung ist eine Bedrohung für die Stabilität. (*Schöne neue Welt:* 193, 204, 195)

Die modernen Utopisten decken die Verlogenheit eines sich auf ethische Prinzipien berufenden sozialen Systems auf, in welchem dem äußeren Anschein nach das Allgemeinwohl auf Dauer gesichert ist. Die Menschen wollten seit jeher naturwüchsig glücklich sein. Nun sind sie glücklich, doch um den Preis ihrer Freiheit und Individualität. Wiederum ist es eine praktische Vernunft, die in ihrem Bemühen um ein friedliches Miteinander aller Menschen terroristisch geworden ist. Humanität und Inhumanität sind nur durch das Freiheitsprinzip getrennt, und für die Menschen spielt es letztlich keine Rolle, ob sie wie in den klassischen Utopien zur Moralität abgerichtet werden und ihr Glück im Tun des staatlich verordneten Guten finden sollen, oder ob sie wie in den modernen Anti-Utopien den Köder des Glücks schlucken müssen und im Dienst des größten Glücks der größten Zahl als dem schlechthin Guten manipuliert, ja instrumentalisiert werden. Die totalitäre Ersetzung individueller, selbstbestimmter Freiheit durch eine moralische oder eudämonistische Diktatur ist absolut menschenunwürdig.

Seit dem Zusammenbruch der Sowjetunion haben Utopien keine Konjunktur mehr. Doch sind utopische Konstrukte im Sinne von Gedankenexperimenten der ethisch-praktischen Vernunft unverzichtbar – allen Gefahren, welche die Utopien anschaulich vor Augen führen, zum Trotz. Zwar haben die Utopien großen Stils, die als Gesamtentwürfe einer idealen Gesellschaft konzipiert sind, weitgehend ausgedient, aber wir benötigen Utopien im kleineren Stil, um uns ein Stück Zukunft in concreto vorstellen und vor dem Hintergrund einer alternativen Lebensform die bestehenden Verhältnisse kritisch beurteilen zu können. Utopische Projekte ermöglichen es uns, in Gedanken eine andere Wirklichkeit durchzuspielen, die wir als wünschenswert erachten und für deren Zustandekommen argumentativ geworben werden muß. Solche Utopien brauchen wir also zu unserer Orientierung, zur Selbstaufklärung über unsere gegenwärtige Lage und über das, was wir wollen. In der utopischen Vorwegnahme von Zukunft, in der bunten Vielfalt von Entwürfen und Visionen einer künftigen Lebenswelt unter dem Gesichtspunkt verantworteter Freiheit kommen Individualität und Pluralität ebenso zum Tragen wie der ethische Anspruch auf Integrität und Unversehrtheit der zur Menschenwürde verpflichteten menschlichen Natur.

7. Totale Vernetzung: Systemkonstrukte

> *Diese Spinnweben von Systemen zerreißt das einzige Wort: Du mußt sterben!*
>
> (SCHILLER, *Die Räuber: 5,1*)

Im Zeitalter des Internet ist globale Kommunikation das Schlagwort. Sie ist die zeitgenössische Version des alten Traums der Philosophen, die Welt im System einzufangen, mit dem entscheidenden Unterschied, daß diese unter Absehung vom Konkret-Vielfältigen nach einer abstrakten Struktur suchten und letztlich alles auf eine Formel zurückführen wollten, die die Welt im Innersten zusammenhält, während das Internet gerade umgekehrt auf größtmögliche Diversifikation und Pluralisierung von Informationen angelegt ist.

Eine der ältesten Vorstellungen des inneren Zusammenhangs der Welt als System ist das Atom.

> Leukipp und Demokrit spannen eine Hülle, eine Membrane rings um die Welt, die durch mit Haken ausgestattete Atome zusammengeflochten sei. [...] Demokrit [sagt,] in dem Leeren zerstreut bewegten sich Substanzen, der Zahl nach unendlich wie auch unteilbar und unterschiedslos und ohne Qualität und für Einwirkung unempfänglich; wenn sie sich einander näherten oder zusammenstießen oder verflöchten, so träten einige dieser Anhäufungen als Wasser, andere als Feuer, andere als Pflanze und wieder andere als Mensch in Erscheinung. Alles sei Atom, und sonst sei nichts. (*Fragmente der Vorsokratiker:* DK 67 A 23; DK 68 A 57)

Über die Gestalt dieser einfachsten Teilchen, durch deren Zusammentreten und Auseinanderfallen die Dinge entstehen und vergehen, gab es verschiedene Ansichten. Während die älteren Atomisten von kugelförmigen Atomen ausgingen, war PLATON der Meinung, es handle sich um gleichgeschenklige und ungleichseitige Dreiecke, deren

Seiten sich nahtlos zu unterschiedlichen geometrischen Figuren aneinanderfügen lassen, aus denen zunächst die vier Elemente gebildet werden, die ihrerseits den Grundstoff für die komplexen Dinge abgeben. (Vgl. *Timaios:* 53c–57d.) Für den die kosmische Einheit begründenden Zusammenhang der Elemente untereinander hatte HERAKLIT eine griffige Formel gefunden:

Es lebt das Feuer der Erde Tod, und die Luft lebt des Feuers Tod, das Wasser lebt der Luft Tod, die Erde den des Wassers. (*Fragmente der Vorsokratiker:* DK B 76)

HERAKLIT stellt eine das Universum umspannende Gleichung auf:

Feuer : Erde = Luft : Feuer = Wasser : Luft = Erde : Wasser.

Dieser in sich geschlossene, nach Gleichmaß erfolgende Kreislauf der Elemente ist das Prinzip von Bewegung.

LEIBNIZ hat seine Atome, die er Monaden nannte, mit graduell verschiedenen Vorstellungen und Strebekräften ausgestattet und sie entsprechend als Entelechien aufgefaßt, da sie ihr Ziel, durch das sie sich vollenden, in sich tragen.

Monaden [sind] die wahren Atome der Natur und [...] die Elemente der Dinge. [...] Die Monaden haben keine Fenster, durch die etwas in sie herein- oder aus ihnen heraustreten kann. [...] Aus dem Gesagten ergibt sich, daß die natürlichen Veränderungen der Monaden aus einem *inneren Prinzip* erfolgen, da eine äußere Ursache keinen Einfluß auf ihr Inneres haben kann. (*Monadologie:* 3., 7., 11.)

Alles, was die Monade vorstellt und erstrebt, hat seinen Ursprung in ihr selber. Daß das sich Universum dennoch – obwohl die Monaden untereinander in keinem Zusammenhang stehen – als eine in sich geschlossene Sinneinheit und nicht ein bloßes Aggregat von beziehungslosen nebeneinanderher wirkenden Substanzen darstellt, hat nach LEIBNIZ seinen Grund darin, daß Gott als Urheber aller geschaffenen Monaden diese »von Augenblick zu Augenblick durch ständige blitzartige Ausstrahlungen« (ebd. 47.) koordiniert und so miteinander vernetzt, daß das Weltganze sich als ein wohlgeordnetes Kraftfeld präsentiert. Indem jede Monade an ihrer Raum-Zeit-Stelle sich selbst gemäß den ihr eigentümlichen physischen und psychischen Fähigkeiten betätigt, gibt sie zugleich auf ihre besondere Weise aus ihrer Perspektive das Ganze wieder und fungiert so als »ein lebendiger, beständiger Spiegel des Universums«. (Ebd. 56.)

Mit dem Wechsel vom *ontologischen* zum *mentalistischen* Paradigma veränderte sich auch das Systemkonzept. Es ist nun nicht mehr das Universum selbst, das sich objektiv als System darbietet, sondern die Vernunft legt ihrer Interpretation von Welt ein systematisches Konstrukt zugrunde, dem die Welt entsprechen muß. So hat K A N T die Aufgabe des Philosophen als die eines Gesetzgebers bestimmt, der im Unterschied zum Vernunftkünstler seine Erkenntnisse nicht bloß systematisch ordnet, sondern dem Bedürfnis der Vernunft nach Einheit gerecht wird, indem er sie zweckmäßig organisiert.

Philosophie ist also das System der philosophischen Erkenntnisse oder der Vernunferkenntnisse aus Begriffen. Das ist der *Schulbegriff* von dieser Wissenschaft. Nach dem *Weltbegriffe* ist sie die Wissenschaft von den letzten Zwecken der menschlichen Vernunft. Dieser hohe Begriff gibt der Philosophie *Würde,* d.i. einen absoluten Wert. [...] Zur Philosophie nach dem Schulbegriffe gehören *zwei* Stücke: *Erstlich* ein zureichender Vorrat von Vernunfterkenntnissen; – *fürs andre:* ein systematischer Zusammenhang dieser Erkenntnisse, oder eine Verbindung derselben in der Idee eines Ganzen. Einen solchen streng systematischen Zusammenhang verstattet nicht nur die Philosophie, sondern sie ist sogar die einzige Wissenschaft, die im eigentlichsten Verstande einen systematischen Zusammenhang hat, und allen andern Wissenschaften systematische Einheit gibt. Was aber Philosophie nach dem Weltbegriffe [...] betrifft, so kann man sie auch *eine Wissenschaft von der höchsten Maxime des Gebrauchs unsrer Vernunft* nennen, so fern man unter Maxime das innere Prinzip der Wahl unter verschiedenen Zwecken versteht. (*Logik:* AA 9, 23f.)

Die Philosophie schreibt demnach vom Standpunkt der Zwecke aus das System vor, nach welchem Erkenntnisse über die Dinge gewonnen werden sollen. So autorisiert sie z.B. den Verstand, sich als Gesetzgeber der Natur zu betätigen und nur das als Gegenstand der Natur zuzulassen, was dem apriorischen Begriffsraster der Kategorien zu entsprechen vermag. Insofern weiß der Philosoph alles – der Möglichkeit nach. Mittels der von ihm selbst entwickelten Begriffe hat er eine Vorstellung von der Totalität alles Wißbaren, keineswegs jedoch ein Wissen von der Wirklichkeit als solcher, die als ganze nicht erfahrbar ist. KANT räumt dies durchaus ein, indem er sagt, daß ein Erfahrungsganzes »als System nach empirischen Gesetzen« nicht möglich sei:

> Denn obzwar diese [Erfahrung] nach *transzendentalen* Gesetzen, welche die Bedingung der Möglichkeit der Erfahrung überhaupt enthalten, ein System ausmacht: so ist doch von empirischen Gesetzen eine so *unendliche Mannigfaltigkeit* und eine so *große Heterogenität der Formen* der Natur, die zur besondern Erfahrung gehören würden, möglich, daß der Begriff von einem System nach diesen (empirischen) Gesetzen dem Verstande ganz fremd sein muß, und weder die Möglichkeit, noch weniger aber die Notwendigkeit eines solchen Ganzen begriffen werden kann. (*1. Einleitung in die KU:* 10)

Dennoch sollen auch besondere empirische Erkenntnisse am Leitfaden der Vernunft durch Klassifizierung oder Spezifizierung in einen systematischen Zusammenhang gebracht werden, der sie der Zufälligkeit enthebt. Das in ein System gefaßte Kontingente stellt sich als ein *strukturiertes* Ganzes a posteriori dar und trägt damit den Stempel der Vernunft.

Für die deutschen Idealisten hat das apriorische Vernunftsystem den Vorrang vor allen materialistischen Systemen, da nur die handelnde Intelligenz als Gesetzgeber die gesamte Erfahrung zu antizipieren vermag, indem sie sie begrifflich konstruiert. FICHTE stellt klar:

> Was für eine Philosophie man wähle, hängt [...] davon ab, was man für ein Mensch ist: denn ein philosophisches System ist

nicht ein toter Hausrat, den man ablegen oder annehmen könnte, wie es uns beliebte, sondern es ist beseelt durch die Seele des Menschen, der es hat. [...] der kritische Idealismus [...] leitet jenes System der notwendigen Handelnsweisen, und mit ihm zugleich die dadurch entstehenden objektiven Vorstellungen wirklich von den Grundgesetzen der Intelligenz ab, und läßt so unter den Augen des Lesers oder Zuhörers den ganzen Umfang unserer Vorstellungen allmählich entstehen [...] (*1. Einleitung in die WL:* 21, 29)

Für HEGEL ist ein Philosophieren ohne System unwissenschaftlich:

Die wahre Gestalt, in welcher die Wahrheit existiert, kann allein das wissenschaftliche System derselben sein. Daran mitzuarbeiten, daß die Philosophie der Form der Wissenschaft näherkomme, – dem Ziele, ihren Namen der *Liebe* zum *Wissen* ablegen zu können und *wirkliches Wissen* zu sein, – ist es, was ich mir vorgesetzt. (*Phänomenologie:* Werke 3, 14)

Das System wirklichen Wissens stellt sich für HEGEL als ein konzentrisches, in sich zurücklaufendes dynamisches Ganzes dar.

Jeder der Teile der Philosophie ist ein philosophisches Ganzes, ein sich in sich selbst schließender Kreis, aber die philosophische Idee ist darin in einer besondern Bestimmtheit oder Elemente. Der einzelne Kreis durchbricht darum, weil er in sich Totalität ist, auch die Schranke seines Elements und begründet eine weitere Sphäre; das Ganze stellt sich daher als ein Kreis von Kreisen dar, deren jeder ein notwendiges Moment ist, so daß das System ihrer eigentümlichen Elemente die ganze Idee ausmacht, die ebenso in jedem einzelnen erscheint. (*Enzyklopädie:* Werke 8, 60)

Das *linguistische* Paradigma leitet seine Systemvorstellung nicht mehr wie das mentalistische Paradigma aus den Einheitsentwürfen einer der Welt ihre Gesetze vorschreibenden Vernunft ab, sondern baut es dem frühen WITTGEN-STEIN zufolge gleichsam wieder atomistisch – jedoch nicht in einem ontologischen Sinn – aus letzten Bausteinen auf, die sprachlicher Natur sind: Namen, denen in der Wirklichkeit Gegenstände entsprechen, die ihrerseits in Elementarsätzen formulierte Sachverhalte bilden. Die Gesamtheit der Sachverhalte sind jene Tatsachen, die die Welt ausmachen.

> Die Welt ist alles, was der Fall ist. Die Welt ist die Gesamtheit der Tatsachen, nicht der Dinge. Die Welt ist durch die Tatsachen bestimmt und dadurch, daß es *alle* Tatsachen sind. Denn, die Gesamtheit der Tatsachen bestimmt, was der Fall ist und auch, was alles nicht der Fall ist. [...] Der Satz ist ein Bild der Wirklichkeit. Der Satz ist ein Modell der Wirklichkeit, so wie wir sie uns denken. [...] Der Satz stellt das Bestehen und Nichtbestehen der Sachverhalte dar. Die Gesamtheit der wahren Sätze ist die gesamte Naturwissenschaft [...]. Der einfachste Satz, der Elementarsatz, behauptet das Bestehen eines Sachverhaltes. [...] Der Elementarsatz besteht aus Namen. Er ist ein Zusammenhang, eine Verkettung, von Namen. [...] Die Angabe aller wahren Elementarsätze beschreibt die Welt vollständig. (*Tractatus*: 1–1.12, 4.01, 4.1, 4.11, 4.21, 4.22, 4.26)

Gegenwärtig werden Systemtheorien ganz unterschiedlicher Provenienz herumgeboten. Von Interesse für die Philosophie sind dabei insbesondere die soziologische Systemtheorie, die kybernetische Systemtheorie in ihrer Anwendung auf den Problembereich der künstlichen Intelligenz und die in der Chaostheorie entwickelte dynamische Systemtheorie. Grundlegend für alle drei Systemtypen ist die Evolutionstheorie, die zum einen die genetische Variabilität von Organismen durch natürliche Selektion und Anpassung an die Umwelt erklärt – Stichwort: *survival of the fittest* – und den Verlauf der Evolution als eine gesetzmäßige, kausale Entwicklung eines durch Mutation und Rekombination entstandenen Zufallsprodukts zu rekonstruieren versucht (biologische Evolution), zum anderen die Entwicklung des Universums seit dem als Urknall bezeichneten Ereignis, mit dem die Welt entstanden ist (kosmologische Evolution), nachzeichnet.

NIKLAS LUHMANN vertritt die These,

daß Systeme der Reduktion von Komplexität dienen, und zwar
durch Stabilisierung einer Innen/Außen-Differenz. [...] Die
soziale Kontingenz sinnhaften Erlebens ist nichts anderes als
ein Aspekt jener unermeßlichen Weltkomplexität, die durch
Systembildungen reduziert werden muß. [...] Die wichtigsten,
die klassischen Reduktionsleistungen, die dem Verhalten in
der Gesellschaft Struktur geben [z.B. Wahrheit, Recht, Liebe]
werden heute nicht mehr als Natur der Gesellschaft und damit
als ethisches Gebot, sondern als Leistung gesellschaftlicher Teilsysteme institutionalisiert. [...] Im Laufe der menschlichen Entwicklung steigt die soziale Komplexität, das heißt die Zahl und
die Arten möglichen Erlebens und Handelns. [...] Komplexere
Gesellschaften müssen in ihren Teilsystemen hohe Beliebig-
keiten institutionalisieren. Man denke nur an die Beispiele, die
ich schon nannte: die Passionierung der Liebe, die Positivie-
rung des Rechts, die Definition der Wahrheit als bloße intersubjektive Übertragbarkeit von Sinn. All das impliziert Entlas-
sung aus gesamtgesellschaftlicher Kontrolle, also Übernahme
hoher struktureller Risiken durch die Gesellschaft selbst und
durch ihre Teilsysteme, die füreinander unberechenbar werden. (*Theorie der Gesellschaft:* 11, 17, 22f.)

Dennoch sind sinnkonstituierende Systeme der Gesell-
schaftsevolution für die Erlebnisverarbeitung und zur Entlastung von Komplexität nötig, da sie als Kanon weniger
komplexer, überschaubarer Strategien ein Bollwerk gegen
die als solche unübersehbare und nicht zu verarbeitende
chaotische Fülle von Ereignissen bilden, die sich in unserer
Umwelt abspielen. Soziale Systeme erleichtern die Orientierung und senken Handlungsrisiken durch die Stabilisierung einer mit gruppenspezifischer Regelbefolgung verbun-
denen Erwartungshaltung. Als unaufhebbar kontingente
Systeme gehen sie unter, wenn sie sich nicht ständig selbst
reproduzieren, indem sie die Differenz zu der sich fortgesetzt verändernden Umwelt aufrechterhalten. Soziale
Systeme sind daher nach LUHMANN autopoietisch und
selbstbezüglich, d.h., sie bedürfen zu ihrer Erhaltung kei-
nes Subjekts mehr, bei dem die Fäden des Netzwerks zu-

sammenlaufen, da jedes Element des Systems durch dieses selbst konstituiert ist.

Das Problem der künstlichen Intelligenz läßt sich in zwei Hinsichten diskutieren. Man kann entweder fragen, ob das menschliche Gehirn ein neuronales System ist, das so funktioniert wie ein Computer, oder ob Computer wie ein menschliches Gehirn funktionieren derart, daß eines Tages eine Maschine mit einer künstlichen Intelligenz versehen werden könnte, die sich nicht nur nicht mehr von der menschlichen unterscheiden ließe, sondern dieser sogar überlegen wäre. MARVIN MINSKY argumentiert in beiden Hinsichten, indem er »Geist« im Sinne »echter Intelligenz« als das Zusammenspiel einer Vielzahl von »Agenten« definiert, deren Tätigkeiten zusammengenommen »Mentopolis« ergeben – jene große Geistmaschine, die denkt, fühlt, will, handelt, ohne daß die einzelnen Prozesse je für sich betrachtet intelligent sind.

> Die meisten Leute glauben immer noch, daß keine Maschine je ein Gewissen, Ehrgeiz, Neid, Humor entwickeln oder andere geistige Lebenserfahrungen machen kann. Natürlich sind wir noch weit davon entfernt, Maschinen mit menschlichen Fähigkeiten bauen zu können. Aber das bedeutet nur, daß wir bessere Theorien über die Denktätigkeit brauchen. (*Mentopolis:* 19)

MINSKY ist fest davon überzeugt, daß zwischen menschlicher und künstlicher Intelligenz kein prinzipieller Unterschied besteht und beide völlig zur Deckung gebracht werden können, wenn das dafür erforderliche Know-how zur Verfügung steht; entsprechend erklärt er konsequent alle Denkvorgänge strikt maschinell. So entsteht z.B. das Gedächtnis in Konfliktfällen, die gewisse Ähnlichkeiten mit einem bereits bewältigten Problem haben. Dadurch werden P-Agenten aktiviert, die seinerzeit bei der Lösung des Problems beteiligt waren. Im günstigen Fall unterstützen die die Q-Agenten, die den aktuellen Konflikt zu bereinigen suchen. (Ebd. 83) Diese Vorgänge sind uns durchaus bewußt:

Es ist nichts Besonderes an der Vorstellung, daß Vorgänge im Gehirn wahrgenommen werden. Agenten sind Agenten – und für einen Agenten ist der Auftrag, einen *gehirn-verursachten Gehirn-Vorgang* zu entdecken, ebenso leicht wie der Auftrag, einen *welt-verursachten Gehirn-Vorgang* zu entdecken. In der Tat ist nur eine kleine Minderheit unserer Agenten direkt durch Sensoren mit der Außenwelt verbunden, wie etwa jene, die Signale vom Auge oder von der Haut senden; die Mehrzahl der Agenten im Gehirn entdeckt Vorgänge im Gehirn. Aber wir befassen uns vorzugsweise mit den Agenten, die beauftragt sind, unsere letzten Erinnerungen zu nutzen oder zu ändern. Diese Agenten befinden sich an den Wurzeln des Bewußtseins. (Ebd. 151)

MINSKY sieht den entscheidenden Vorteil der künstlich erzeugten Intelligenz darin, daß »wir unsere neuen Maschinen nach Wunsch entwerfen und mit besseren Möglichkeiten ausstatten« könnten, während »uns die Evolution die Architektur unseres Gehirns aufgezwungen« habe. (Ebd. 160) Keine Frage: der bessere Mensch ist für MINSKY der optimierte Roboter, wenn eines Tages genügend Informationen über das menschliche Gehirn zur Verfügung stehen, die es erlauben, einen solchen zu konstruieren.

Alle diese Probleme werden gelöst werden, wenn wir erst bessere Instrumente und bessere Theorien haben. Bis dahin ist das schwierigste Problem, dem wir uns gegenübersehen, nicht die philosophische Frage, ob Gehirne Maschinen sind oder nicht. Es besteht nicht der geringste Anlaß, daran zu zweifeln, daß Gehirne Maschinen mit einer gewaltigen Zahl von Einzelteilen sind, die in perfekter Übereinstimmung mit den Gesetzen der Physik funktionieren. Soweit wir wissen, ist unser Geist nur ein komplexer Prozeß. Die schwerwiegenden Probleme bestehen darin, daß uns unsere geringe Erfahrung mit Maschinen von derartiger Komplexität noch nicht erlaubt, mit Erfolg über sie nachzudenken. (Ebd. 288)

Ersichtlicherweise hängt das Gelingen der Reduktion geistiger Prozesse auf maschinelle Abläufe von der Beschreibungssprache und dem dieser zugrundeliegenden physikalischen Paradigma ab. Aber selbst wenn man MINSKY zugestehen würde, daß das Gehirnsystem ein hochkomplexer Apparat ist, der als solcher bis in die letzten technischen Feinheiten entschlüsselt und anschließend künstlich nachgebaut werden kann, bedeutet dies nicht, daß damit das Problem geistiger bzw. (selbst-)bewußter Vorgänge restlos geklärt wäre. MINSKY fegt die traditionellen Theorien schlicht vom Tisch, indem er sie als naive Annahmen eines irgendwo im Gehirn sitzenden »Selbst« oder »personalen Individuums« lächerlich macht. Diese Strategie, alles das nicht ernst zu nehmen, was sich dem eigenen Interpretationsmodell entzieht, legt zugleich dessen Grenzen offen. Der alte metaphysische Traum eines absoluten Erklärungsmusters ist nur um den Preis eines unkritischen Wegschiebens von Frageüberhängen erfüllbar, und eben dies befriedigt diejenigen nicht, die ein anderes Verständnis von »Intelligenz« haben.

So hat JOHN R. SEARLE gegen den »Mythos vom Computer« eingewendet, daß die These, das Gehirn sei gleichsam die Hardware und der Geist die Software, einen reinen Funktionalismus darstelle und einen Simulationsvorgang mit der Realität verwechsle. Symbolmanipulationen des Computers seien nicht dasselbe wie mentale Phänomene, was SEARLE am Beispiel des Chinesisch-Zimmers veranschaulicht. Eingeschlossen in einen Raum mit zwei Schaltern sitzt eine nur des Englischen mächtige Person, die durch den einen Schalter chinesische Schriftzeichen hereingereicht bekommt und nach Anweisung eines in englischer Sprache verfaßten Regelbuches in einer bestimmten Abfolge durch den anderen Schalter wieder hinausreicht. Die draußen befindlichen Chinesen, die die Botschaften entgegennehmen, werden mit sie befriedigenden Informationen und Problemlösungen versehen, während die in dem Zimmer tätige Person (die für den Computer und die von diesem durchgeführten Funktionsabläufe steht) in Unkenntnis der chinesischen Sprache inhaltlich nicht das Geringste von den Informationen versteht, die sie herausgibt. Mentale Operationen, so

148

SEARLE, werden rein funktionalistisch nicht zureichend begriffen. Die eigentlichen Verstehensleistungen ließen sich aus der Perspektive der dritten Person nicht beschreiben, sondern nur aus der der ersten Person, deren intentionale Zustände dadurch als geistige charakterisiert sind, daß sie Erfüllungsbedingungen haben, unter welchen Welt entworfen oder gemäß einem Entwurf hergestellt wird. (Vgl. *Geist, Gehirn und Wissenschaft*)

Dynamische Systeme untergliedern sich in geordnete und chaotische Systeme. Chaotische Systeme sind solche, deren Verhalten regellos und unvorhersehbar ist. Selbst geordnete (lineare) Verhaltensweisen wie die periodische Bewegung eines Pendels können in ein chaotisches Verhaltensmuster übergehen, sobald die Antriebsfrequenz geringfügig verändert wird. Die absolute Zufälligkeit chaotischer Prozesse schließt Prognosen aus. Dies ist z.B. der Grund dafür, daß langfristige Wettervorhersagen (über zehn Tage hinaus) nicht möglich sind, obwohl die Atmosphäre physikalischen Gesetzen unterliegt, die es erlauben, auf der Basis der verfügbaren Daten ein genaues mathematisches Modell zu errichten. Es ist der sogenannte Schmetterlingseffekt, der exakte Prognosen verhindert: Der Flügelschlag eines Schmetterlings kann für die Zirkulationsbewegungen der Atmosphäre eine so gravierende Störung sein, daß er ein Chaos verursacht und auf diese Weise das Wetter beeinflußt. Nach PAUL DAVIES ist chaotisches Verhalten prinzipiell zufällig und daher auch mit den leistungsfähigsten Computern nicht berechenbar.

Die Fehler wachsen bei [...] gewöhnlichen dynamischen Systemen zumeist in Proportion zur Zeit (d.h. linear). Bei einem chaotischen System wachsen die Fehler dagegen immer schneller – praktisch wachsen sie exponentiell mit der Zeit. Die Zufälligkeit der chaotischen Bewegung ist daher fundamental, nicht nur ein Ergebnis unserer Unwissenheit. Sie ist nicht dadurch zu beheben, daß wir weitere Informationen über das System sammeln. [...] Die Schlußfolgerung ist unausweichlich: Auch wenn sich das Universum wie eine Maschine im streng mathematischen Sinne verhält, ist es dennoch möglich, daß neue und grundsätzlich unvorhersagbare Erscheinungen auftreten. Wäre das Universum ein lineares Newtonsches mechanisches System, so wäre die Zukunft in einem ganz realen Sinne in der Gegenwart enthalten, und es könnte nichts wirklich Neues geschehen. Doch in Wirklichkeit ist das Universum kein lineares Newtonsches mechanisches System, es ist ein chaotisches System. Wenn die Gesetze der Mechanik die einzigen Organisationsprinzipien sind, die der Materie und der Energie ihre Gestalt geben, dann ist die Zukunft unbekannt und grundsätzlich unerkennbar. Keine endliche Intelligenz, so mächtig sie auch sei, vermag zu antizipieren, welche neuen Formen oder Systeme künftig entstehen könnten. Das Universum ist in einem gewissen Maße offen; man kann nicht wissen, welche unerreichten Stufen der Vielfalt und Komplexität es noch bereithält. (*Prinzip Chaos:* 80, 83)

Wenn auch das chaotische System als ganzes unberechenbar ist, lassen sich doch gewisse stabile Zustände oder Bahnen (»Attraktoren«) beobachten, denen sich das chaotische Verhalten annähert. Nach WILLIAM L. DITTO und LOUIS M. PECORA

kann man zwar nicht vorhersagen, wo auf dem Attraktor sich das System nach einiger Zeit befinden wird. Doch der chaotische Attraktor bleibt stets derselbe, unabhängig davon, wann man ihn mißt. Wer ausreichend Information über ihn zur Verfügung hat, kann sich mit ihrer Hilfe das Chaos dienstbar machen. (*Das Chaos meistern:* 48)

So kann man z.B. ein synchronisiertes Chaos für Kommunikationszwecke erzeugen, indem man mit Hilfe eines chaotischen Signals geheime Nachrichten verschlüsselt. Aber auch unabhängig von Anwendungsmöglichkeiten in der Praxis trägt die Chaosforschung dazu bei, die Kreativität der Natur verständlicher zu machen, ganz davon abgesehen, daß die chaotischen Gebilde einen ästhetischen Reiz haben. Insbesondere den als Fraktale bezeichneten selbstähnlichen Gegenständen, die sich durch ein wucherndes, feingliedriges Muster auszeichnen, das bei beliebiger Vergrößerung eines Ausschnitts immer die gleichen Strukturen aufweist, kann eine gewisse Schönheit nicht abgesprochen werden.

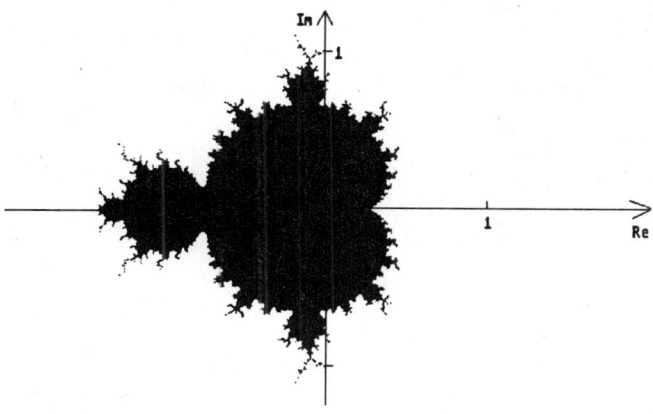

»Mandelbrotsches Apfelmännchen«, aus: Herbert Zeitler u. Wolfgang Neidhardt: Fraktale und Chaos, Darmstadt: Wissenschaftliche Buchgesellschaft, [2]1994, S. 179

Trotz alledem könnte man aus der Chaostheorie den Schluß ziehen, daß es nicht nur keinen Sinn hat, chaotisches Verhalten zu erforschen, da sich für die Zukunft daraus keine verläßlichen Ergebnisse erwarten lassen, sondern daß es zwecklos ist, sich überhaupt noch um die Zukunft zu kümmern, weil Systeme sich völlig unberechenbar verändern können und es deshalb letztlich egal ist, was man tut. WERNER MITTELSTAEDT widerspricht dem vehement und redet sogar einem »Nutzen der Chaostheorie für die Zukunftsgestaltung« das Wort.

Der Verbrauch an Energien und Materialien eines Durchschnittseuropäers liegt um den Faktor 70 höher als zu Beginn der industriellen Revolution vor ca. 200 Jahren. Man könnte unter Zuhilfenahme der Chaostheorie bestimmte Anfangsbedingungen in der menschlichen Gesellschaft so gezielt ändern, daß Chaos reduziert wird und neue erwünschte Strukturen gesellschaftlicher Selbstorganisation und »Ordnung« entstehen können. [...] Durch veränderte Anfangsbedingungen, die auf ein neues Verhältnis von Ökonomie und Ökologie, auf eine generelle Veränderung der materiellen Disparitäten zwischen Nord und Süd, Ost und West, sowie auf eine Humanisierung der Welt durch neue Wertmaßstäbe hinauslaufen müssen, kann unerwünschtes Chaos, das uns an den Rand einer Megakrise gebracht hat, erheblich reduziert werden. (*Zukunftsgestaltung und Chaostheorie:* 153 f.)

Der Mensch kann durch Korrektur seines Verhaltens immerhin dazu beitragen, das menschengemachte Chaos abzutragen, indem er z. B. die Ursachen des Treibhauseffekts verringert und durch den Einsatz ›sanfter‹ Technologien sowie durch die Förderung selbstorganisierender Strukturbildungen der Zerstörung der Biosphäre Einhalt gebietet. Im Programm einer auf »Koevolution« zielenden Zukunftsgestaltung versucht MITTELSTAEDT einerseits die von LUHMANN behauptete autopoietische Struktur sozialer Systeme zu durchbrechen und andererseits die von DAVIES konstatierte Unmöglichkeit von Zukunftsprognosen so abzufedern, daß die vernünftige Planung menschlichen Verhaltens als Korrektiv gegen ein Übermaß an Chaos eingesetzt wird und damit für ein Gleichgewicht der Kräfte sorgt.

8. Was durch die Maschen fällt: das Einzelne

Oh Himmel über mir, du Reiner! Hoher! Das ist mir nun deine Reinheit, dass es keine ewige Vernunft-Spinne und -Spinnennetze giebt.

(NIETZSCHE, *Z: KSA 4, 209*)

Im Unterschied zum Mythos, der die im Kosmos wirkenden und die Menschen in ihrem natürlichen Lebensraum beeinflussenden Kräfte durch das Spinnen narrativer Fäden mitteilt, bedient sich die Philosophie des Begriffs, um die Wirklichkeit einzufangen. Doch so engmaschig sie ihre Begriffsnetze auch um dasjenige webt, was seiner Natur nach nicht von der Art des Begriffs ist – es bleibt stets etwas übrig, das sich dem Logos entzieht und durch die Maschen des Systems fällt. Während die einen meinen, daß es sich dabei um vernachlässigbare, wenn nicht gar verzichtbare Größen handelt, die für die Vernunft nicht weiter ins Gewicht fallen, beharren die anderen darauf, daß damit ein wichtiger Bestandteil der Realität unberücksichtigt bleibt, dem auf eine besondere Weise Rechnung getragen werden müsse.

Die antiken Skeptiker waren davon überzeugt, daß es feststehende und als solche beweisbare Wahrheiten nicht gebe. Gegen die Dogmatiker – insbesondere ARISTOTELES und die Stoiker –, die behaupteten, mittels logischer Beweisverfahren zu wahren Erkenntnissen gelangen zu können, beharrten die Skeptiker darauf, daß wir bestenfalls sagen können, wie die Dinge uns *erscheinen*, nicht aber, wie sie in Wahrheit sind. Die Überbewertung der menschlichen Vernunftfähigkeiten habe dazu geführt, daß die Dogmatiker glaubten, die von ihnen erstrebte Seelenruhe in wahren Aussagen über bestehende Sachverhalte gefunden zu haben, während sie doch aufgrund der Veränderlichkeit der Dinge und der unterschiedlichen Vorstellungen über das Wesen der Dinge zu solchen Urteilen nicht berechtigt wären. Um der prinzipiellen Unentschiedenheit und Unentscheidbarkeit von Wahrheitsansprüchen gerecht zu werden, empfehlen die Skeptiker, alles in der Schwebe zu halten, indem einem Argument stets mit einem gleichwertigen Gegenargument begegnet wird und damit das Urteil offen gelassen wird. Die durch Urteilsenthaltung gefundene Seelenruhe entsteht durch Entlastung vom Druck, eine gesicherte Wahrheit zu suchen, die nicht möglich ist. SEXTUS EMPIRICUS faßt das skeptische Anliegen folgendermaßen zusammen:

> Die Skepsis ist die Kunst, auf alle mögliche Weise erscheinende und gedachte Dinge einander entgegenzusetzen, von der aus wir wegen der Gleichwertigkeit der entgegengesetzten Sachen und Argumente zuerst zur Zurückhaltung, danach zur Seelenruhe gelangen. [...] »Seelenruhe« [Ataraxie] ist die Ungestörtheit und Meeresstille der Seele. [...] Das motivierende Prinzip der Skepsis nennen wir die Hoffnung auf Seelenruhe. Denn die geistig Höherstehenden unter den Menschen, beunruhigt durch die Ungleichförmigkeit in den Dingen und ratlos, welchen von ihnen man eher zustimmen solle, gelangten dahin zu untersuchen, was wahr ist in den Dingen und was falsch, um durch die Entscheidung dieser Frage Ruhe zu finden. Das Hauptbeweisprinzip der Skepsis dagegen ist, daß jedem Argument ein gleichwertiges entgegensteht. Von hier aus nämlich glauben wir schließlich dabei zu enden, daß wir nicht dogmatisieren. (*Grundriß:* 94 f., 96 f.)

Natürlich kann auch der Skeptiker nicht umhin, Behauptungen aufzustellen, wenn er sich nicht in die Sprachlosigkeit zurückziehen will, aber eingedenk der Unentscheidbarkeit des Behaupteten relativiert er das Gesagte stets durch Einschub eines *vielleicht*, eines *es ist möglich* oder *es kann sein* oder *nicht eher dieses als jenes* usf., um schon sprachlich zu signalisieren, daß er sich nur dazu äußert, wie ihm die Dinge erscheinen – ohne jeglichen Wahrheitsanspruch. In der Praxis orientiert er sich an der Alltagserfahrung und den tradierten Normen, wobei er sich auch hier eines Urteils über deren Gültigkeit enthält.

Wie die Skeptiker den Dogmatikern so haben die Existenzphilosophen den Essentialisten bestritten, daß man sich im Wissen des Wesens der Dinge beruhigen könne. Wer wie die Metaphysiker und die deutschen Idealisten auf apriorische Vernunftkonstrukte setzt in der Meinung, damit alles begriffen zu haben, was zu begreifen sich lohnt, hat aus existentieller Sicht einen Bereich ausgeblendet, der ein wichtiger Teil unserer Lebenswelt ist: Das *Individuum* wird im Begriff des Menschen aufgehoben, das *ich* verschwindet umstandslos im *Ich*, die *Geschichte* geht auf der Folie einer Genetisierung von logischen Zusammenhängen zugrunde. Bereits SCHELLING hatte das Unbefriedigende einer einseitig nur die Bedingungen der Möglichkeit von Wirklichkeit entwickelnden Transzentalphilosophie KANTisch-FICHTEscher Prägung erkannt und dieser *negativen* eine *positive* Philosophie gegenüberstellen wollen, die auf die Bedingungen der Wirklichkeit reflektiert, doch ist seine Abhandlung über die *Weltalter* Fragment geblieben. Gleichwohl läßt sich daraus der Weg ersehen, der SCHELLING als zu einem positiven Typus von Philosophie hinführend vorschwebte.

Das Vergangene wird gewußt, das Gegenwärtige wird erkannt, das Zukünftige wird geahndet. Das Gewußte wird erzählt, das Erkannte wird dargestellt, das Geahndete wird geweissagt. Die bisher geltende Vorstellung von der Wissenschaft war, daß sie eine bloße Folge und Entwickelung eigener Begriffe und Gedanken sey. Die wahre Vorstellung ist, daß es die Entwickelung eines lebendigen, wirklichen Wesens ist, die in ihr sich darstellt. [...] Hindurchgehen [zwar] durch Dialektik muß alle Wissenschaft. Eine andere Frage aber ist, ob nie der Punkt kommt, wo sie frei und lebendig wird, wie im Geschichtschreiber das Bild der Zeiten, bei dessen Darstellung er seiner Untersuchungen nicht mehr gedenkt? Kann nie wieder die Erinnerung vom Urbeginn der Dinge so lebendig werden, daß die Wissenschaft, da sie der Sache und der Wortbedeutung nach Historie ist, es auch der äußeren Form nach seyn könnte, und der Philosoph [...] zur Einfalt der Geschichte zurückzukehren vermöchte? (*Weltalter:* SW I,8; 199, 205)

Der Philosoph als Historiker, der die Vergangenheit narrativ wiederbeleben möchte, um den geschichtlichen Entwicklungsprozeß als Selbstwerden eines lebendigen Wesens erzählend zu vergegenwärtigen – dies war auch die Absicht KIERKEGAARDS, der wie SCHELLING bei der Offenbarung Gottes ansetzte, den Schwerpunkt jedoch auf dessen Menschwerdung legte, um an der Figur Jesu Christi den individuellen Selbst- und Seinsvollzug exemplarisch vorzuführen. Wenn Existieren das Erleben und Aushalten von Widersprüchen ist, dann hat niemand einen größeren Widerspruch ertragen müssen als der Gott, der als Mensch existierte und insofern Ewigkeit und Zeit in seiner Person zur Identität bringen mußte. Der HEGELschen Dialektik, die aus KIERKEGAARDS Sicht alle Gegensätze und Widersprüche logisch, d. h. im reinen Denken zu überwinden trachtete und eben damit zum Verschwinden brachte, setzte er eine Existenzdialektik entgegen, die die bloß intellektuelle Vermittlung von Begriffen als ein Gedankenspiel erweist und auf den wirklichen Vollzug aufmerksam macht, in welchem je ich mich mit mir selbst zur Einheit meiner Person zusammenschließen muß.

> Eben weil das abstrakte Denken vom Standpunkt der Ewigkeit betrachtet, sieht es ab von dem Konkreten, von der Zeitlichkeit, vom Werden der Existenz, von der Not des Existierenden: daß dieser nämlich aus dem Ewigen und dem Zeitlichen, hineingestellt in die Existenz, zusammengesetzt ist. [...] Die Existenz unter der Form der Ewigkeit und in der Abstraktion denken, heißt, sie wesentlich aufheben [...]. Existenz läßt sich nicht ohne Bewegung denken, und Bewegung läßt sich nicht unter der Form der Ewigkeit denken. [...] Die Abstraktion ist interesselos, aber das Existieren ist für einen Existierenden sein höchstes Interesse. (*UN II*: 1, 9, 14)

KIERKEGAARD versteht das Existieren als *inter-esse*, als Zwischensein – nicht in Gedanken, sondern in der Wirklichkeit als der je eigenen, subjektiv hervorgebrachten Wirklichkeit, die ein ideelles und ein materielles Moment enthält: »das Existieren als ein einzelner Mensch [...] ist nämlich nicht Sein in demselben Sinne, wie eine Kartoffel ist, aber auch nicht in demselben Sinne, wie die Idee ist. Die menschliche Existenz hat Idee in sich, ist aber doch nicht Idee-Existenz.« (Ebd. 33) Als dynamisch-bewegliches Zwischensein entzieht sich die Existenz dem denkenden Zugriff, obwohl ihr Vollzug durchaus kognitive Momente in sich enthält, existiert doch der Einzelne als denkendes Subjekt. »Die Aufgabe des subjektiven Denkers besteht darin, *sich selbst in Existenz zu verstehen*.« (Ebd. 55) Sich selbst als existierendes Individuum zu verstehen, setzt voraus, daß es je schon existiert und damit sein Sein die Bedingung ist, unter welcher es sich selbst zu denken (anzuschauen, wahrzunehmen, zu fühlen etc.) vermag.

> Was heißt das: Sein ist höher als Denken? Ist diese Aussage etwas, das gedacht werden soll, dann ist ja eo ipso Denken wieder höher als Sein. Läßt es sich denken, so ist das Denken höher; läßt es sich nicht denken, so ist kein System des Daseins möglich. [...] In bezug auf die Existenz steht das Denken gar nicht höher als die Phantasie und das Gefühl, sondern ist diesen nebengeordnet. (Ebd. 37, 51)

Das Individuum erzeugt in der Existenzdialektik ursprünglich sein eigenes Sein, indem es die beiden entgegengesetzten Pole (Ewigkeit-Zeitlichkeit, Freiheit-Notwendigkeit, Unendlichkeit-Endlichkeit), ›zwischen‹ denen es sich bewegt, durch sein Hin- und Hergehen allererst hervorbringt und als differente sowohl auseinanderhält wie ins Verhältnis setzt. Die Bewegung des Hinübergehens von einem Pol zum anderen, die dem Selbstwerdensprozeß zugrundeliegt, erfolgt nicht kontinuierlich und von selbst, sondern abrupt, kraft eines Entschlusses: »die Kategorie des Übergangs [ist] ein Sprung«; »der Sprung [ist] die Kategorie der Entscheidung.« (*UN I*: 291, 91) Es ist ein Freiheitsakt, der dem Existieren zugrunde liegt. Dabei begründet die Abfolge der Freiheitsakte einerseits die Kontinuität der Geschichte eines Individuums und andererseits dessen durchgängige Identität. Insofern diese Geschichte aufgrund der unableitbaren Freiheit im Selbstvollzug kontingenter

Subjekte ein einmaliges, unverwechselbares Geschehen darstellt, das sich als solches weder verallgemeinern noch überhaupt auf Begriffe bringen läßt, kommt das Denken mitsamt seinen Systemkonstrukten gleichsam immer zu spät, um sie in ihrer Besonderheit zu erfassen. Diese Geschichte kann daher jeweils nur nachträglich erzählt werden, doch so, daß durch den Abweis logischer Kategorien stets Freiheit als das Zusammenhangstiftende des Prozesses im Blick bleibt – oder wie JASPERS sich ausdrückt: »Hier entsteht eine *vernünftige Alogik*, eine wahre Vernunft, die im Zerbrechen der Verstandeslogik ihr Ziel erreicht.« (*Vernunft und Existenz:* 109) Zwar vermag sich das Individuum auch narrativ nicht in seiner Individualität einzuholen, wohl aber darzustellen als eine Person, die sich mit jeder ihrer Entscheidungen verändert, neu generiert und im fortwährenden Sich-zu-sich-selbst-Verhalten über die Brüche und Abbrüche der getroffenen Entscheidungen hinweg ihre Identität als ein dynamisches Sinnganzes in geschichtlicher Konkretheit zum Vorschein bringt.

Die KIERKEGAARDsche Kritik am Essentialismus von Denksystemen, die die Totalität dessen, was ist und was gilt, über apriorische Wesensbestimmungen des Seienden und des Geltenden zu formalisieren beanspruchen, wiederholt sich unter neuem Vorzeichen bei den Dioskuren der Frankfurter Schule und den postmodernen Denkern, die den Blick auf das achtlos durch die Maschen der Vernunft Beförderte oder das von ihr ausgeschlossene Andere der Vernunft richten – einerseits um diesem seine Würde zurückzuerstatten, andererseits um die eindimensionale instrumentelle Vernunft auf ihren Verlust und ihre eigene Irrationalität aufmerksam zu machen. Zeitgenössisches Philosophieren geschieht im Zeichen von Differenz und Widerspruch; es vollzieht sich als Dekonstruktion von Einheit.

MAX HORKHEIMER hat gezeigt, daß die mit der Selbstverabsolutierung der Vernunft einhergehende Ökonomisierung, Technisierung und Instrumentalisierung des Denkens zu einer Reduktion der außermenschlichen wie auch der menschlichen Natur auf deren Funktionalität geführt hat.

Der Mensch teilt im Prozeß seiner Emanzipation das Schicksal seiner übrigen Welt. Naturbeherrschung schließt Menschenbeherrschung ein. Jedes Subjekt hat nicht nur an der Unterjochung der äußeren Natur, der menschlichen und der nichtmenschlichen, teilzunehmen, sondern muß, um das zu leisten, die Natur in sich selbst unterjochen. Herrschaft wird um der Herrschaft willen »verinnerlicht«. Was gewöhnlich als Ziel bezeichnet wird – das Glück des Individuums, Gesundheit und Reichtum –, gewinnt seine Bedeutung ausschließlich von seiner Möglichkeit, funktional zu werden. [...] Widerstand und Aufbegehren, wie sie aus dieser Unterdrückung der Natur erwachsen, haben die Zivilisation seit ihren Anfängen bestürmt, in Gestalt gesellschaftlicher Rebellionen [...] ebenso wie in Gestalt individuellen Verbrechens und der Geistesstörung. Typisch für unsere gegenwärtige Ära ist die Manipulation dieser Revolte durch die herrschenden Kräfte der Zivilisation selbst, die Benutzung der Revolte als eines Mittels der Verewigung eben jener Bedingungen, durch welche sie hervorgerufen wird und gegen die sie sich richtet. Zivilisation als rationalisierte Irrationalität integriert die Revolte der Natur als ein weiteres Mittel oder Instrument. [...] das Individuum, gereinigt von allen Überbleibseln der Mythologien, einschließlich der Mythologie der objektiven Vernunft, reagiert automatisch, nach den allgemeinen Mustern der Anpassung. Die ökonomischen und gesellschaftlichen Kräfte nehmen den Charakter blinder Naturmächte an, die der Mensch, um sich zu erhalten, beherrschen muß, indem er sich ihnen anpaßt. (*Kritik der instrumentellen Vernunft:* 94 f., 97)

Die verstümmelnden Folgen dieser Tyrannei der technokratischen, alles rigoros ins Korsett einer Einheitsvorstellung pressenden Vernunft können nur durch ein unabhängiges Denken als solche durchschaut werden – im Zuge einer »Dialektik der Aufklärung«, die die Herrschaft des Begriffs mit Hilfe des Begriffs aufbrechen will, um dem, was dem Allgemeinen zum Opfer gefallen ist, wieder zu seinem Recht zu verhelfen. THEODOR W. ADORNOS Konzept einer negativen Dialektik zielt dementsprechend auf das Nichtidentische, Heterogene, Viele, Nichtbegriffliche, für das im Rahmen einer positiven Dialektik kein Platz ist, da es sich der Vereinnahmung durch das Identische widersetzt und nicht ins System fügt.

Die Utopie der Erkenntnis wäre, das Begriffslose mit Begriffen aufzutun, ohne es ihnen gleichzumachen. [...] In Wahrheit gehen alle Begriffe, auch die philosophischen, auf Nichtbegriffliches, weil sie ihrerseits Momente der Realität sind, die zu ihrer Bildung – primär zu Zwecken der Naturbeherrschung – nötigt. [...] Diese Richtung der Begrifflichkeit zu ändern, sie dem Nichtidentischen zuzukehren, ist das Scharnier negativer Dialektik. [...] Die Entzauberung des Begriffs ist das Gegengift der Philosophie. Es verhindert ihre Wucherung: daß sie sich selbst zum Absoluten werde. An ihr ist die Anstrengung, über den Begriff durch den Begriff hinauszugelangen. (*Negative Dialektik*: 21, 23f., 27)

An die Stelle des Systemdenkens, das das konkret Einzelne, individuell Besondere vergewaltigt, indem es eine Identität von Identität und Nichtidentität behauptet, das Nichtidentische jedoch entweder begrifflich zurechtstutzt oder aus dem System ausstößt, will ADORNO ein Denken in Modellen setzen, das das an sich selber Begriffslose in einer Konstellation von Begriffen umkreist, ohne es dabei aufzulösen.

Die Forderung nach Verbindlichkeit ohne System ist die nach Denkmodellen. Diese sind nicht bloß monadologischer Art. Das Modell trifft das Spezifische und mehr als das Spezifische, ohne es in seinen allgemeineren Oberbegriff zu verflüchtigen. Philosophisch denken ist soviel wie in Modellen denken; negative Dialektik ein Ensemble von Modellanalysen. [...] Nicht über Konkretes ist zu philosophieren, sondern aus ihm heraus. [...] Indem die Begriffe um die zu erkennende Sache sich versammeln, bestimmen sie potentiell deren Inneres, erreichen denkend, was Denken notwendig aus sich ausmerzte. [...] Der Konstellation gewahr werden, in der die Sache steht, heißt soviel wie diejenige [Geschichte] entziffern, die es als Gewordenes in sich trägt. [...] Erkenntnis des Gegenstandes in seiner Konstellation ist die des Prozesses, den er in sich aufspeichert. Als Konstellation umkreist der theoretische Gedanke den Begriff, den er öffnen möchte, hoffend, daß er aufspringe etwa wie die Schlösser wohlverwahrter Kassenschränke: nicht nur durch einen Einzelschlüssel oder eine Einzelnummer, sondern eine Nummernkombination. (Ebd. 39, 43, 164ff.)

ADORNO setzt seine »Utopie des Besonderen« (ebd. 312), die das Nichtidentische vom Folterinstrument des Allgemeinen befreit und es selbst sein läßt, jener »Guckkastenmetaphysik« (ebd. 143) der abendländischen Tradition entgegen, die das Subjekt auf ewig in sein Selbst einsperrt und ihm nur den durch die Scharten in seinem Turm begrenzten Blick auf den dunklen Himmel gestattet, an dem sich in unerreichbarer Ferne die Ideensterne als das schlechthin Allgemeine zeigen, an dem gemessen das Besondere zum Exemplarischen und das Einzelne zur quantité négligeable verkommt. Erst wenn sich das Subjekt aus seiner Individualität heraus in immer wieder neuen, überraschenden, vielfältigen Begriffskonstellationen umkreist, von welchen keine für sich Allgemeingültigkeit beansprucht, durchbricht es den Panzer des Systems, in dem es sich selbst gefangen gesetzt hat.

> Es verlangt seine Negation durchs Denken, muß im Denken verschwinden, wenn es real sich befriedigen soll, und in dieser Negation überdauert es, vertritt in der innersten Zelle des Gedankens, was nicht seinesgleichen ist. Die kleinsten innerweltlichen Züge hätten Relevanz fürs Absolute, denn der mikrologische Blick zertrümmert die Schalen des nach Maß des subsumierenden Oberbegriffs hilflos Vereinzelten und sprengt seine Identität, den Trug, es wäre bloß Exemplar. Solches Denken ist solidarisch mit der Metaphysik im Augenblick ihres Sturzes. (Ebd. 400)

Auch EMMANUEL LÉVINAS hat die traditionelle Einheitsmetaphysik problematisiert und die Frage gestellt, ob es nicht einen besseren Weg gebe, sich dem Einen anzunähern als auf die Weise des Erkennens, die über das Konstrukt eines Ich führt, »welches sich durch alle Differenzen hindurch als ›Herr seiner selbst wie des Universums‹ identifiziert und imstande ist, alle dunklen Winkel zu erhellen, in denen diese Herrschaft des Ich bestritten würde« (*Gott:* 243). Diese Konzentration auf das Ich als in seiner Identität durchgängig Selbiges hat zu jenem Abscheu gegenüber dem Anderen geführt, den LÉVINAS in der herkömmlichen Metaphysik konstatiert: »Von ihrem Beginn an ist die Philosophie vom Entsetzen vor dem Anderen, das Anderes bleibt, ergriffen, von einer unüberwindbaren Allergie.« (*Spur:* 211)

LÉVINAS hingegen setzt bei dem an, was er das Antlitz des Anderen nennt, dessen Wehrlosigkeit und Verletzlichkeit mich dazu zwingt, das Denken des ewigen Einen aufzuschieben zugunsten einer Erfahrung von Sterblichkeit, die mich an meine Verantwortung erinnert. Was immer ich tue, tue ich im Angesicht des Anderen und bin daher rechenschaftspflichtig für mein Handeln. Seiendes kann ich in Urteilen über das, was ist, negieren und dabei allenfalls die Regeln der Logik verletzen; den Anderen zu negieren aber heißt, ihn zu töten.

> Die Epiphanie des Antlitzes weckt diese Möglichkeit, die Unendlichkeit der Versuchung des Mordes zu ermessen, nicht nur als eine Versuchung totaler Zerstörung, sondern als die – rein ethische – Unmöglichkeit dieser Versuchung und dieses Versuchs. [...] Die Unmöglichkeit zu töten hat keine bloß negative und formale Bedeutung; sie ist positiv bedingt durch die Beziehung zum Unendlichen oder die Idee des Unendlichen in uns. In dem ethischen Widerstand präsentiert sich das Unendliche als Antlitz; der ethische Widerstand lähmt meine Vermögen und erhebt sich in seiner Nacktheit und seiner Not hart und absolut vom Grunde der wehrlosen Augen. (*Totalität:* 286)

Die sich im Antlitz des Anderen manifestierende Andersheit ist keine Bedrohung für das Ich, dessen Freiheit dadurch nicht verletzt wird. Vielmehr fordert sie Gewaltlosigkeit und die Anerkennung eines Du vor dem Hintergrund eines Wir, das die Menschen ursprünglich zu einer sozialen Gemeinschaft verbindet. »Die Gegenwart des Antlitzes – die Unendlichkeit des Anderen – ist Blöße, Gegenwart des Dritten (d.h. der ganzen Menschheit, die uns ansieht) und Befehl, der zu befehlen befiehlt« (ebd. 308): nämlich im sterblichen Anderen seine unsterbliche Würde zu respektieren.

Was den Vertretern der Frankfurter Schule das Widerspruchsprinzip als Gegner des Identitätsprinzips zur Rettung des Nichtidentischen ist, das ist den postmodernen Denkern die Differenz, die alles metaphysische Einheitsdenken torpediert. In der Nachfolge MARTIN HEIDEGGERS stehend, der der abendländischen Metaphysik vorwirft, sie habe es versäumt, über den Sinn von Sein nachzudenken, und in ihrer Konzentration auf das Seiende die ontologische Differenz zwischen Seiendem und Sein übersehen (vgl. *Sein und Zeit:* §§ 1–4), zielt die Postmoderne auf das Differente als solches. So plädiert JEAN-FRANÇOIS LYOTARD für ein postmodernes Denken, das die großen, das Projekt der Moderne ausmachenden Metaerzählungen verabschiedet, da sie ihre Legitimationsfunktion für das Ganze verloren haben, und an die Stelle sinngebender Einheitskonzepte die Vielfalt des Differenten setzt.

Das Postmoderne wäre dasjenige, das im Modernen in der Darstellung selbst auf ein Nicht-Darstellbares anspielt [...] um das Gefühl dafür zu schärfen, daß es ein Undarstellbares gibt. [...] Es sollte endlich Klarheit darüber bestehen, daß es uns nicht zukommt, *Wirklichkeit zu liefern*, sondern Anspielungen auf ein Denkbares zu erfinden, das nicht dargestellt werden kann. [...] Krieg dem Ganzen, zeugen wir für das Nicht-Darstellbare, aktivieren wir die Differenzen, retten wir die Differenzen, retten wir die Ehre des Namens. (*Was ist postmodern*: 48)

GILLES DELEUZE hat der Differenz noch die Wiederholung beigesellt, um das Identitäts- und Ordnungsdenken der Moderne, das als vorstellendes dem Repräsentationsmodell verhaftet war, zu unterlaufen.

Die Differenz und die Wiederholung sind an die Stelle des Identischen und des Negativen, der Identität und des Widerspruchs getreten. [...] Das moderne Denken aber entspringt dem Scheitern der Repräsentation wie dem Verlust der Identitäten und der Entdeckung all der Kräfte, die unter der Repräsentation des Identischen wirken. Die moderne Welt ist die der Trugbilder. [...] Im Trugbild beruht die Wiederholung bereits auf Wiederholungen, beruht die Differenz bereits auf Differenzen. Es wiederholen sich die Wiederholungen, es differenziert sich das Differenzierende. Das Geschäft des Lebens besteht darin, alle

Wiederholungen in einem Raum koexistieren zu lassen, in dem sich die Differenz verteilt. [...] Die Differenz ist nicht das Verschiedene. Das Verschiedene ist gegeben. Die Differenz aber ist das, wodurch das Gegebene gegeben ist. Sie ist das, wodurch das Gegebene als Verschiedenes gegeben ist. [...] Wie könnte das Denken vermeiden, bis dahin zu gehen, wie könnte es vermeiden zu denken, was sich am schärfsten dem Denken widersetzt? Denn mit dem Identischen denkt man zwar alle seine Kräfte, allerdings ohne den geringsten Gedanken zu haben; hat man nicht demgegenüber im Differenten den höchsten Gedanken, den man allerdings nicht denken kann? (*Differenz und Wiederholung:* 11 f., 281, 287)

Eine Antwort auf diese Frage hat DELEUZE zusammen mit FÉLIX GUATTARI versucht, indem er zwei Typen von Büchern bzw. Denkstilen unterschied: das Baumdenken und das Rhizomdenken. Während ersteres – verbildlicht durch die Pfahlwurzel – binär ist und jegliche Mannigfaltigkeit ausschließt, ist letzteres – verbildlicht durch das wildwuchernde, chaotische Wurzel- oder Sprossenbüschel von Knollen- und Zwiebelgewächsen – vielfältig und heterogen. Das Baumdenken ist genealogisch, hierarchisch, das Rhizomdenken assoziativ und dezentriert.

Der Begriff der Einheit taucht immer nur dann auf, wenn in einer Mannigfaltigkeit der Signifikant die Macht übernimmt oder ein entsprechender Subjektivierungsprozeß stattfindet: zum Beispiel die Pfahlwurzel-Einheit, die einen Komplex von bi-univoken Beziehungen zwischen objektiven Elementen oder Punkten begründet, oder auch das Eine, das sich, dem Gesetz einer binären Logik der Differenzierung folgend, im Subjekt teilt. [...] Die gesamte Logik des Baumes ist eine Logik der Kopie und der Reproduktion. [...] Der Baum verbindet die Kopien und ordnet sie hierarchisch, die Kopien sind sozusagen die Blätter des Baumes. [...] Vielen Menschen ist ein Baum in den Kopf gepflanzt, aber das Gehirn selbst ist eher ein Kraut oder Gras als ein Baum. [...] Bei uns [in Europa] ist der Baum in die Körper eingepflanzt, und er hat sogar die Geschlechter verhärtet und in Schichten aufgeteilt. (*Tausend Plateaus:* 18, 23, 28, 32)

Dieses Denken in Gegensätzen unter dem Kommando eines Generals, der für Ordnung und Systematik sorgt, indem er die eine Seite als die siegreiche auszeichnet und die andere für die unterlegene erklärt, ist das Muster, dem das traditionelle metaphysische Denken folgt; ihm ist alles Nichteine so zuwider wie dem Gärtner das Unkraut, das ausgemerzt werden muß. Die Einheit hingegen, die im Rhizomdenken gebildet wird, läßt das Verschiedene in seiner Heterogenität bestehen, so wie Wespe und Orchidee ein Rhizom bilden, in welchem beide bleiben, was sie sind, während sie über einen Code miteinander kommunizieren, der das Interesse der Orchidee an Fortpflanzung mit dem Interesse der Wespe an Blütenstaub verbindet, ohne von einem übergeordneten Standpunkt aus das Verhältnis beider durch die Vorstellung einer Territoriumsbesetzung zu imperialisieren.

> Das Rhizom ist eine Anti-Genealogie [...], ein azentrisches, nicht hierarchisches und asignifikantes System ohne General. Es hat kein organisierendes Gedächtnis und keinen zentralen Automaten und wird einzig und allein durch eine Zirkulation von Zuständen definiert. [...] Laßt keinen General in euch aufkommen! [...] Ein Rhizom hat weder Anfang noch Ende, es ist immer in der Mitte, zwischen den Dingen, ein Zwischenstück, *Intermezzo*. Der Baum ist Filiation, aber das Rhizom ist Allianz, einzig und allein Allianz. Der Baum braucht das Verb »sein«, doch das Rhizom findet seinen Zusammenhalt in der Konjunktion »und ... und ... und ...« (ebd. 36, 41).

JACQUES DERRIDA vervollständigt das Spektrum des französischen Differenzdenkens, insofern er das Kunstwort *différance* (in Abgrenzung gegen *différence*) einführt, um den Logozentrismus der klassischen Philosophie zu dekonstruieren. So liest er z.B. die antike Metaphysik eines PLATON als Resultat eines Verdrängungsprozesses: Der Logos hat die Schrift verdrängt und unterdrückt. Wie den Ideen der ontologische und geltungslogische Vorrang vor den veränderlichen empirischen Dingen zuerkannt wurde, so sank das geschriebene und das gesprochene Wort gegenüber dem reinen Denken zur Bedeutungslosigkeit herab. Da der Logos als ewig präsenter es nicht zulassen kann, daß seine Spur in Raum und Zeit eingeschrieben wird, wertet er alles Raum-Zeitliche ab, um seine ewige Präsenz zu behaupten. Die Verdrängung und Unterdrückung der Schrift hat ein Ignorieren dessen zur Folge, was DERRIDA *différance* nennt zur Bezeichnung jener Urspur, die durch die metaphysischen Begriffe Ursprung und Einheit verdeckt wird. (Vgl. *Schrift und Differenz:* 302 ff.) Zwar können wir unser Wissen nicht anders strukturieren als dadurch, daß wir ein Zentrum setzen, aber im nächsten Augenblick muß das soeben gesetzte Zentrum wieder negiert werden, um durch die Dezentrierung der Struktur die Geschichtlichkeit desjenigen, was in ihr eingefangen ist und über sie verstehbar gemacht werden soll, mitbedenken zu können. (Vgl. ebd. 422 ff.)

Die *différance* existiert nach DERRIDA nicht als solche – weder als Wort noch als Begriff –, doch ermöglicht sie die Gegenwärtigkeit des gegenwärtig Seienden derart, daß sie dessen Verzeitlichung und Verräumlichung inszeniert, indem sie über den Umweg des Zeichens die als solche nicht faßbare Gegenwart aufschiebt, das Seiende also gleichsam verschiebt und als Teil eines Gewebes von Differenzen, eines kontextuellen Verweisungssystems zur Sprache bringt. Die *différance* bleibt für DERRIDA ein »Punkt tiefer Dunkelheit«, ein Rätsel, da ihre lautlose, zeit- und raumerzeugende Spurenzeichnung als immer schon geschehen vorausgesetzt werden muß, ohne daß sich diese Urspur oder Urschrift *avant la lettre* in irgendeiner Weise dingfest machen läßt.

> Was sich *différance* schreibt, wäre also jene Spielbewegung, welche diese Differenzen, diese Effekte der Differenz, durch das »produziert«, was nicht einfach Tätigkeit ist. Die *différance*, die diese Differenzen hervorbringt, geht ihnen nicht etwa in einer einfachen und an sich unmodifizierten, in-differenten Gegenwart voraus. Die *différance* ist der nicht-volle, nicht-einfache Ursprung der Differenzen. Folglich kommt ihr der Name »Ursprung« nicht mehr zu. [...] Da die Spur kein Anwesen ist, son-

dern das Trugbild eines Anwesens, das sich auflöst, verschiebt, verweist, eigentlich nicht stattfindet, gehört das Erlöschen zu ihrer Struktur. [...] Paradox an einer solchen Struktur ist, in der Sprache der Metaphysik, jene Umkehrung des metaphysischen Begriffs, die den folgenden Effekt produziert: das Anwesende wird zum Zeichen des Zeichens, zur Spur der Spur. Es ist nicht mehr das, worauf jede Verweisung in letzter Instanz verweist. Es wird zu einer Funktion in einer verallgemeinerten Verweisungsstruktur. Es ist Spur und Spur des Erlöschens der Spur. (*Die différance:* 89, 107)

.Kritisches und postmodernes Denken haben im 20. Jahrhundert mit dazu beigetragen, daß die feministische Philosophie Fuß fassen konnte auf einem Feld, das zwar noch von Männern beackert wurde, aber doch Möglichkeiten für eine andere Art der Bestellung eröffnete. Fielen die Frauen aus dem klassischen philosophischen Diskurs ebenso heraus wie die Materie, das Sinnliche und Emotionale als Inbegriff des Nichtgeistigen, Irrationalen, so erlaubt ein Denken, das sich auf Andersheit und Differenz als Ermöglichungsgründe seiner selbst bezieht, eine Sprengung der Metaphysik des Einen, die alle Zweiheit und Gegensätzlichkeit durch Unterwerfung oder Eliminierung des einen Pols zu vernichten trachtete. Schon H ORKHEIMER sah darin eine typisch männliche Herrschaftslogik am Werk:

Das Prinzip der Herrschaft ist das Idol, dem alles geopfert wird. [...] Als das Prinzip des Selbst, das bestrebt ist, im Kampf gegen die Natur im allgemeinen zu siegen, gegen andere Menschen im besonderen und über seine eigenen Triebe, wird das Ich als etwas empfunden, das mit den Funktionen von Herrschaft, Kommando und Organisation verbunden ist. [...] Seine Herrschaft in der patriarchalischen Epoche ist offenkundig. Es hätte zur Zeit des Matriarchats kaum eine entscheidende Rolle spielen können. [...] Die französische Soziologie [E. Durkheim] hat gelehrt, daß die hierarchische Anordnung der primitiven Allgemeinbegriffe die Stammesorganisation und ihre Macht über das Individuum reflektierte. Sie hat gezeigt, daß die gesamte logische Ordnung, die Gliederung der Begriffe nach Priorität und Posteriorität, Unterordnung und Überordnung, und das Abstekken ihre jeweiligen Gebiete und Grenzen, gesellschaftliche Verhältnisse und die Arbeitsteilung spiegeln. Zu keiner Zeit hat der Begriff des Ichs den Makel seines Ursprungs im System gesellschaftlicher Herrschaft abgestreift. (*Kritik der instrumentellen Vernunft:* 104 f.)

MICHEL FOUCAULT hat diesen Androzentrismus des Begriffs eines autonomen Subjekts in seiner Geschichte der Sexualität bestätigt.

In dieser Männermoral, die für Männer gemacht ist, besteht die Erarbeitung seiner selber als Moralsubjekt darin, von sich selber zu sich selber eine Struktur von Männlichkeit zu errichten: indem man im Verhältnis zu sich Mann ist, wird man die Mannestätigkeit kontrollieren und meistern können, die man in der sexuellen Praxis anderen gegenüber ausübt. Im agonistischen Zweikampf mit sich selber und im Kampf um die Beherrschung der Begierden ist danach zu streben, daß das Verhältnis zu sich isomorph mit dem Herrschafts-, Hierarchie- und Autoritätsverhältnis wird, das man als Mann, als freier Mann, über seine Untergebenen herzustellen beansprucht. [...] Es ist eine Männermoral [...], in der die Frauen nur als Objekte oder bestenfalls als Partner vorkommen, die es zu formen, zu erziehen und zu überwachen gilt, wenn man sie in seiner Macht hat, und deren man sich zu enthalten hat, wenn sie in der Macht eines andern (Vater, Gatte, Vormund) sind. [...] Die Tugend der Frau markierte und garantierte ein Unterwerfungsverhalten; die Strenge des Mannes charakterisierte eine Ethik der sich selbst begrenzenden Herrschaft. (*Lüste:* 110, 33, 233)

Aus der Analyse klassischer Diskurse wird ersichtlich, daß es Machttaktiken und Herrschaftsansprüche waren, die zur Konstruktion der »Natur« als Folie führten, auf welcher Männer sich selbst als autonome, zur Herrschaft berechtigte Wesen und Frauen als hysterisierte weibliche Körper wahrgenommen haben, in die es um ihrer selbst willen den männlichen Willen einzuschreiben galt. DERRIDA bezeichnet die »Komplizenschaft abendländischer Metaphysik mit einer Unterstellung männlicher Erstrangigkeit« als »Phallozentrismus«. (*Choreographies:* 170 f.)

9. Altweibersommer
oder: der Biß der Spinnenfrau

... ist die Spinne im Traum ein Symbol der Mutter, aber der phallischen Mutter, vor der man sich fürchtet, so daß die Angst vor der Spinne den Schrecken vor dem Mutterinzest und das Grauen vor dem weiblichen Genitale ausdrückt.

(K. ABRAHAM *laut* S. FREUD: *15, 25*)

Was Frauen zum Philosophieren in feministischer Absicht motiviert hat, waren Erfahrungen der Benachteiligung und Diskriminierung in nahezu allen öffentlichen und privaten Bereichen unserer Lebenswelt. Eine Analyse dieser Erfahrungen ergab, daß Frauen wegen ihres Geschlechts schlechter wegkamen bzw. hinsichtlich ihrer geistigen und körperlichen Leistungen als minderwertig eingestuft wurden. Als Begründung für diese Einstufung wurde auf die Natur verwiesen, die ein starkes und ein schwaches Geschlecht geschaffen habe und insofern die Männer gleichsam ab ovo – ohne eigenes Zutun – privilegiere. Dies war nicht nur die Meinung des Common sense, sondern auch der philosophischen Meisterdenker. So behauptet schon ARISTOTELES, das Männliche sei »von Natur mehr zur Leitung und Führung geeignet als das Weibliche, wenn es nicht etwa widernatürlich veranlagt ist«. (*Politik:* I, 12; 1259 b2–3) SPINOZA beruft sich auf die Erfahrung, um dieses Klischee zu bedienen:

Man wird vielleicht fragen, ob die *Frauen* von Natur oder nur durch Gesetzesbestimmung unter der Gewalt der Männer stehen. In letzterem Falle gäbe es keinen Grund, der uns nötigen könnte, die Frauen von der Regierung auszuschließen. Fragen wir aber die Erfahrung selbst um Rat, so werden wir sehen, daß der Grund in ihrer Schwäche liegt. Denn nirgends finden wir, daß Männer und Frauen zugleich regierten, sondern wo es auf der Erde Männer und Frauen gibt, da sehen wir, daß die Männer regieren und die Frauen regiert werden und daß bei diesem Verhältnis die beiden Geschlechter einträchtig zusammen leben. Die Amazonen dagegen, die einer sagenhaften Überlieferung zufolge einst geherrscht haben, duldeten keine Männer in ihrem Lande, sondern zogen bloß die Mädchen groß und töteten die Knaben nach der Geburt. Wenn nun von Natur die Frauen den Männern ebenbürtig wären und wenn sie an Seelenstärke und an Geist, als in welchen hauptsächlich die Macht und demnach auch das Recht des Menschen besteht, ihnen gleichwertig wären, so müßte es doch unter so vielen und so verschiedenen Völkern wenigstens einige geben, bei denen die beiden Geschlechter gleichberechtigt nebeneinander regierten, und andere, wo die Männer von den Frauen regiert und so erzogen würden, daß sie geistig hinter ihnen zurückstünden. Da das aber nirgends der Fall ist, darf man getrost behaupten, daß die Frauen von Natur nicht gleiches Recht haben wie die Männer, sondern notwendig hinter ihnen zurückstehen und daß deshalb unmöglich beide Geschlechter gleichberechtigt nebeneinander regieren können, geschweige gar, daß Männer von Frauen regiert würden. (*Vom Staate:* 180f.)

Dort, wo Frauen überhaupt Erwähnung finden – in der Regel eher unter ästhetischem Aspekt: als das »schöne Geschlecht« –, zieht sich dieses Vorurteil über ihre geistige Inferiorität als roter Faden durch die Geschichte der Philosophie. HEGEL sieht den Staat in Gefahr, wenn Frauen an dessen Spitze stehen, »denn sie handeln nicht nach den Anforderungen der Allgemeinheit, sondern nach zufälliger Neigung und Meinung«. (*Philosophie des Rechts:* Werke 7, 320) Für AUGUSTE COMTE ist »die Unterlegenheit der Frau unbezweifelbar. Sie ist weniger als der Mann für die Stetigkeit und Wirksamkeit der geistigen Arbeit geeignet, da ihre geistigen Fähigkeiten eine geringere innere Kraft haben«. (*Soziologie:* 124) ARTHUR SCHOPENHAUER meinte gar: »Unverstand schadet bei Weibern nicht: eher noch könnte überwiegende Geisteskraft, oder gar Genie, als eine Abnormität, ungünstig wirken.« (*Welt als Wille:* SW 2, 696) Wenn der Psychologe JULIUS MOEBIUS zu Beginn des 20. Jahrhunderts ein Buch *Über den physiologischen Schwachsinn des Weibes* veröffentlichte, so brachte er damit die traditionelle Ansicht von der naturgegebenen Mangelhaftigkeit des weiblichen Geschlechts als solchen auf den Punkt: die Frau als verkümmerter Mann, dem die Attribute der Männlichkeit (geistige und körperliche Potenz) fehlen.

Die Stoßkraft feministischer Untersuchungen richtet sich vor allem gegen das naturalistische Argument, das etwas als gegeben unterstellt, das letztlich durch Herrschaftsverhältnisse und -diskurse erzeugt wurde: die Überlegenheit des männlichen Geschlechts. Daß Frauen im Verlauf der uns bekannten Geschichte buchstäblich nichts zu sagen wußten, hat nichts mit ihrer verschiedenen Anatomie zu tun. Da sie von Bildungsmöglichkeiten abgeschnitten waren und ihnen der Zugang zu öffentlichen Ämtern in Wirtschaft, Wissenschaft und Politik systematisch verwehrt wurde, ist es kein Wunder, daß sie eben das nicht konnten, was Männer, die eben dies angeblich von Natur aus konnten, ihnen als Mangel ankreideten.

Das biologisch schlechter ausgestattete weibliche Geschlecht ist ein Mythos, von Männern erfunden, die machtstrategisch das soziale Gefüge zu ihren Gunsten definierten, die nach ihrem eigenen Selbstverständnis gebildeten Normen von Recht und Moral schlicht universalisierten und als allgemeinmenschliche ausgaben. Bei genauerem Hinsehen erweisen sich daher die auf die natürlichen Unterschiede zwischen Männern und Frauen zurückgeführten Ungleichheiten als Resultat der Sozialisation, als arbiträre kulturelle Konstruktionen, die den Frauen mittels des ihnen von den Männern aufgezwungenen Rollenverhaltens gleichsam auf den Leib geschrieben wurden und durch jahrtausendelange Abrichtung einen fast naturgesetzlichen Anstrich bekamen. Und die großen klassischen Philosophen beteiligten sich eifrig an der Erzeugung und Codierung der weiblichen Geschlechtsidentität, um die bestehende Geschlechterordnung als »natürliche« zu zementieren.

SIMONE DE BEAUVOIR war die erste, die die provokative These aufstellte: »Man kommt nicht als Frau zur Welt, man wird es.« (*Das andere Geschlecht:* 334) Sie geht davon aus, daß nicht die Natur die Frau definiert, sondern daß Männer die Natur der Frau auf der Folie ihrer eigenen Körpernorm definiert und für minderwertig befunden haben:

> Die Frau hat Ovarien und einen Uterus. Das sind Sonderbedingungen, die sie zur Subjektivität verurteilen. Man sagt gern, sie denke mit ihren Drüsen. Der Mann sieht großzügig darüber hinweg, daß zu seiner Anatomie auch Hormone und Testikel gehören. Er begreift seinen Körper als direkte, normale Verbindung zur Welt, die er in ihrer Objektivität zu erfassen glaubt, während er den Körper der Frau durch alles, was diesem eigentümlich ist, belastet sieht und ihn als Behinderung, als Gefängnis betrachtet. (Ebd. 12)

BEAUVOIR konstatiert, daß der Mann sich deshalb als privilegiert begreift, weil er an seinem Körper in objektivierter Form die Merkmale von Intentionalität und Transzendenz vorfindet, die aus seiner Sicht die *menschliche* Existenz im Sinne eines Selbst-Entwurfs auszeichnen. Der Mann ist – begünstigt durch den Phallus – unmittelbar zum Absoluten, auf das die Anatomie ihn unübersehbar ausgerichtet hat. Den schwedischen Naturforscher CARL VON LINNÉ zitierend, der in seiner Abhandlung über die Natur das Studium der weiblichen Geschlechtsorgane als etwas Ekelhaftes ausläßt, dokumentiert sie den Abscheu, der »dieses mit Vernunft und Urteilskraft begabte, Mann genannte göttliche Tier« angesichts der weiblichen Genitalien erfüllt (ebd. 225), von denen nichts Erhebendes zu erwarten ist.

BEAUVOIRS Mißtrauen gegen das Identitätsprinzip (ebd. 764) als ungeeignet zur Erfassung des Unterschieds von Mann und Frau, ihr Plädoyer für die Kategorie des Anderen, die ein Begreifen von Welt im Zeichen der Dualität ermöglicht und Alterität als wesentliches Konstituens der Wirklichkeitserfahrung ausweist (ebd. 12, 95), haben den feministischen Diskurs über die Geschlechterdifferenz auf den Weg gebracht. Im Zentrum dieses Diskurses steht die Unterscheidung zwischen *sex* und *gender*, die der Reduktion des Weiblichen auf das biologische Geschlecht einen

Riegel vorschieben sollte, indem sie mit der Gender-Perspektive eine neue Sichtweise auf die Praxis und die Wirklichkeit insgesamt eröffnet. Mittels des Kunstworts *gender* – die ursprüngliche Bedeutung des Worts ist das grammatische Geschlecht – läßt sich das soziale Geschlecht bzw. die Geschlechtsrollenidentität als gesellschaftliches Konstrukt beschreiben. Aus der Gender-Perspektive werden die Interessenstrukturen und Machthierarchien transparent, wie sie sich in der diskursiven Praxis von Männern herausgebildet haben, die in einem kolonisierenden Gestus den Frauen diktierten, worin sie ihre ›Weiblichkeit‹ zu sehen und wie sie sich *als Frauen* zu verhalten hätten.

Aus der Gender-Perspektive wird dem Mythos der Boden entzogen, die Natur habe die Frauen so determiniert, daß sie unausweichlich nur für unselbständige Aufgaben vorgesehen seien, die sie als gesellschaftlich entwertete Wesen erscheinen lassen. Nicht die Natur ist die Konstrukteurin der Frau als sozialem Mängelwesen, sondern es ist der männliche Blick, der Frauen so wahrnimmt und entsprechend definiert. Inzwischen wurden fast alle Wissenschafts- und Wirklichkeitsbereiche daraufhin untersucht, inwieweit sie in ihrem Kern androzentristisch sind und sich damit auf Männer als Hypothesen- und Gesetzeskonstrukteure von »Natur« zurückführen lassen, die ihre eindimensionale Sicht der Dinge als objektiv gültige, allgemeinmenschliche ausgeben. Der Terminus *gender* steht demnach für *Geschlecht* im Sinne einer geschichtlichen Variablen und nicht für eine Konstante im Sinne einer naturalen Determination.

CATHARINE MACKINNON hat die männlichen Standards aufgelistet, die die private und die öffentliche Praxis bestimmen:

Die Physiologie der Männer definiert die meisten Sportarten, ihre Bedürfnisse definieren Kraftfahrzeug- und Krankenversicherungen, ihre gesellschaftlich entworfenen Biographien definieren Arbeitsplatzerwartungen und erfolgreiche Karrieremuster, ihre Perspektiven und Anliegen definieren wissenschaftliche Qualität, ihre Erfahrungen und Zwangsvorstellungen defi-

nieren Leistung, ihre Objektivierungen des Lebens definieren die
Kunst, ihr Militärdienst definiert Staatsbürgerschaft, ihr Vor-
handensein definiert die Familie, ihre Unfähigkeit, miteinander umzugehen – ihre Kriege und Regierungsformen – definiert die Geschichte, ihr Bild definiert Gott, und ihre Genitalien definieren Sex. (*Feminism Unmodified:* 36)

SEYLA BENHABIB führt diese androzentrische Sicht der
Dinge auf einen männlichen Narzißmus zurück, der ab
ovo alles ausschließlich sich selbst verdanken will:

Die Metapher des Naturzustands liefert eine Vorstellung vom
autonomen Ich: ein Narziß, der die Welt in seinem eigenen Bild
sieht, der kein Bewußtsein von den Grenzen seiner eigenen Begierden und Leidenschaften hat und der sich selbst nicht durch
die Augen eines Anderen sehen kann. [...] Der unterschiedliche Gehalt dieser Metapher ist weniger bedeutsam als ihre einfache und gewichtige Botschaft: am Anfang war der Mann allein.
[Es ist] Hobbes, der diesen Gedanken am klarsten formuliert:
»Betrachten wir die Menschen (men) ... als ob sie eben jetzt aus
der Erde gesprießt und gleich Pilzen plötzlich ohne irgendeine
Beziehung zueinander gereift wären.« [Works II, Darmstadt
1966, 109] Dieser Vergleich von Männern mit Pilzen ist ein
vollendetes Bild der Autonomie. Die Frau, die Mutter, die für
die Geburt eines jeden Individuums unerläßlich ist, wird nun
durch die Erde ersetzt. Die Leugnung des Geborenwerdens durch
eine Frau befreit das männliche Ich von seiner natürlichsten
und fundamentalsten Abhängigkeit. (*Der verallgemeinerte und der
konkrete Andere:* 464)

BENHABIB geht es um die Einbringung der Notwendigkeit von zwischenmenschlichen Beziehungen. Dazu ergänzt
sie die Position des verallgemeinerten Anderen durch die
des konkreten Anderen:

Der Standpunkt des verallgemeinerten Anderen verlangt, daß
wir jedes einzelne Individuum als ein rationales Wesen betrachten, das Anspruch auf die gleichen Rechte und Pflichten
hat, die wir für uns selbst geltend machen möchten. Wenn wir
diesen Standpunkt einnehmen, abstrahieren wir von der Individualität und konkreten Identität des Anderen. [...] Unsere
Beziehung zum Anderen wird von den Normen *formaler Gleich-*

heit und *Reziprozität* bestimmt [...]. Der Standpunkt des konkreten Anderen verlangt demgegenüber von uns, jedes einzelne rationale Wesen als ein Individuum mit einer konkreten Geschichte, Identität und affektiv-emotionalen Verfassung zu betrachten. Wenn wir diesen Standpunkt einnehmen, abstrahieren wir von unseren Gemeinsamkeiten. Wir versuchen, die Bedürfnisse des Anderen, seine oder ihre Motivationen, wonach sie/er strebt und was sie/er wünscht, zu verstehen. (Ebd. 468)

Um den Standpunkt des konkreten Anderen einnehmen zu können, ist auf der Ebene des Geschlechterverhältnisses nach MARILYN FRIEDMAN jedoch mehr als ein bloßer Perspektivenwechsel nötig. Zuerst einmal muß die unterschiedliche Moralisierung von Männern und Frauen sichtbar gemacht werden, bevor ein wechselseitiges Verständnis möglich ist.

Innerhalb der weißen Mittelschicht westlicher Industriegesellschaften [...] werden Frauen und Männer auf jener Ebene der sozialen Konstruktion von Geschlecht, die Stereotypen, Symbole und Mythen umfaßt, mit unterschiedlichen moralischen Normen und Werten in Verbindung gebracht. Es ließe sich sagen, Moral ist »geschlechtsmarkiert«, und die beiden Geschlechter werden auf unterschiedliche Weise »moralisiert«. [...] Das Geschlechtsstereotyp von Frauen zentriert sich um Eigenschaften, die manche AutorInnen als »gemeinschaftsorientiert« bezeichnen. Diese beinhalten: die Sorge um das Wohlergehen anderer; das Überwiegen fürsorglicher Eigenschaften; und – in einem geringeren Ausmaß – zwischenmenschliche Sensibilität, emotionale Ausdrucksfähigkeit und einen liebenswürdigen, sanften persönlichen Stil. Im Gegensatz dazu sind die Normen des männlichen Stereotyps »handlungsbezogen« und zentrieren sich hauptsächlich um behauptende und kontrollierende Tendenzen. Die dafür paradigmatischen Verhaltensformen sind Selbstbehauptung, häufig ausagiert als Dominanz, und Unabhängigkeit von anderen sowie Selbstvertrauen, persönliche Wirksamkeit und ein direkter, risikofreudiger persönlicher Stil. (*Jenseits von Fürsorglichkeit:* 245 f.)

Während FRIEDMAN für eine Ent-Moralisierung der Geschlechter und einen Standpunkt jenseits der Geschlechterstereotypen plädiert, um den Blick freizubekommen für eine geschlechtsunabhängige Moral, tritt CAROL GILLIGAN für die Gleichwertigkeit zweier moralischer Perspektiven ein, nämlich der traditionell von den Männern bevorzugten Gerechtigkeitsmoral und der bisher den Frauen zugewiesenen Fürsorglichkeitsmoral. GILLIGAN war aufgefallen, daß die in der Entwicklungspsychologie praktizierten Testreihen in der Regel mit männlichen Probanden durchgeführt, die Ergebnisse jedoch mit größter Selbstverständlichkeit als allgemeine ausgegeben wurden:

> Während in Piagets Darstellung [...] der moralischen Urteilsfähigkeit des Kindes die Mädchen eine Fußnote bilden – eine Kuriosität, der er vier kurze Bemerkungen in einem Index gönnt, in dem ›Jungen‹ überhaupt nicht vorkommen, weil ›das Kind‹ automatisch ein Knabe ist –, existieren in den Forschungen, von denen Kohlberg seine Theorie ableitet, die Frauen von vornherein nicht. (*Die andere Stimme:* 28f.)

Zieht man die auf diese Weise gewonnenen ›menschlichen‹ Standards heran, um die moralischen Urteile von Frauen zu überprüfen, so werden diese als unreif, da weit hinter der ›allgemeinen‹ Norm zurückbleibend, eingestuft. GILLIGAN meint, aus ihren Tests mit Mädchen und Frauen eine »andere Stimme« heraushören zu können, die der Norm der Fürsorglichkeit einen höheren Rang zuerkennt als der von Männern als die höchste deklarierte Norm der Gerechtigkeit.

> Mit dem Wechsel der Perspektive von Gerechtigkeit zu Fürsorglichkeit verändert sich die Dimension, in der Beziehungen organisiert werden, von Ungleichheit/Gleichheit zu Bindung/Trennung. Gedanken und Gefühle sowie die Sprache werden so reorganisiert, daß Worte für Aspekte von Beziehungen, wie »Abhängigkeit« oder »Verantwortlichkeit«, oder auch Moralbegriffe wie »Fairness« und »Fürsorge«, andere Bedeutungen annehmen. Beziehungen vorrangig in Begriffen von Bindung zu entwerfen (statt in Begriffen von Gleichheit), verändert die Art und Weise, wie man das Miteinander von Menschen be-

greift, so daß die Bilder oder Metaphern für Beziehungen nicht mehr Hierarchie oder Gleichgewicht, sondern Netzwerk oder Gewebe hervorheben. (*Moralische Orientierung:* 84)

Es geht also für GILLIGAN nicht darum, die eine Perspektive gegen die andere auszuspielen, sondern beide als gleichberechtigte Formen moralischer Wahrnehmung von Konflikten zuzulassen und jenseits von männlichem bzw. weiblichem Blick als gültige menschliche Sprachspiele der Moral anzuerkennen.

Die feministische Philosophie hat nicht nur im moralischen Bereich, sondern auch auf theoretischem Gebiet die frauenfeindlichen androzentristischen Strukturen herausgearbeitet. Während die einen das »Geschlecht des Wissens«, die erkenntnisbegründenden Prinzipien männlicher Rationalität und die Strategien erforschen, mittels welcher Männer Frauen aus den Wissenschaften ausschlossen (SANDRA HARDING, KARIN HAUSEN, HELGA NOWOTNY u.a.), bemühen sich die anderen um Modelle einer Wissenschaft, die auch die Erfahrungen und Erkenntnisinteressen von Frauen angemessen berücksichtigen (ELISABETH LIST, AGNES HELLER, GERDA LERNER u.a.). Nach wie vor aber ist die Kontroverse um die Geschlechterdifferenz noch in vollem Gang. In Frankreich hat LUCE IRIGARAY eine Theorie der geschlechtlichen Differenzierung entwickelt, die wieder starken Bezug auf »die Natur« nimmt, auf die lebendige Natur, in welcher es nichts Neutrales, sondern ausschließlich Duales gibt.

Die Maschine hat kein Geschlecht. Die Natur dagegen ist immer geschlechtlich differenziert. [...] Die geschlechtliche Differenzierung, ein grundlegendes Charakteristikum der lebendigen Materie, wird seit Jahrhunderten in unseren Gesellschaften nicht kultiviert, und das technische Zeitalter, in dem wir leben, sucht sie auszulöschen. [...] Die Gesellschaft funktioniert nach männlichen Modellen: genealogischen Modellen, sexuellen Modellen. (*Genealogie:* 171, 292f.)

Für IRIGARAY ist die geschlechtliche Besonderung der unhintergehbare Ausgangspunkt einer »Dialektik des Paares«, die sich eines anderen, nicht hierarchisierenden, nicht imperialistischen Diskurstypus bedient:

> [...] das Geschlecht als Indiz und Kennzeichen der *Subjektivität* und ethischen Verantwortung des Sprechenden. Denn das Geschlecht ist nicht nur eine physiologische, biologische Angelegenheit, eine Angelegenheit des privaten Lebens, animalischer Verhaltensweisen oder vegetabilischer Fruchtbarkeit. Es stellt die unaufhebbare Differenzierung dar, die durch das ›*menschliche Geschlecht*‹ *hindurch* verläuft. Das Geschlecht stellt den nicht ersetzbaren Ort für die Position des *Ich* und des *Du* und für ihre Ausdrucksformen dar. Mit der Differenz zwischen *Ich* und *Du* würde das Verlangen, das Danke, der Appell, die Frage ... verschwinden. (Ebd. 264)

Auch GENEVIÈVE FRAISSE will die Geschlechterdifferenz in einen Diskurs einbinden, der nicht dem Muster der neutralisierenden, auf ein mit sich Selbiges zielenden Identitätslogik folgt, sondern Andersheit, Verschiedenheit ermöglicht, doch so, daß dadurch nicht erneut eine starre Gegensätzlichkeit etabliert wird.

> Manch einer – oder vielmehr: manch eine – kann der Versuchung nicht widerstehen, anderes gegen anderes zu setzen, wartet also mit einer alternativen Philosophie auf, in der die Verurteilung des Phallogozentrismus zur Bejahung eines »Gynozentrismus« führt. Danach gäbe es nur die Wahl zwischen einer Differenz, die, kaum erkannt, auch schon neutralisiert ist, und einer Differenz, die distanzlos eingefordert wird. Bei der Andersheit geht es um etwas anderes. Gemeint ist weder die Stellung der Frau im Verhältnis zum Mann noch die Selbstbehauptung eines Weiblichen gegenüber dem Männlichen. Die Andersheit zieht keinen Trennstrich zwischen zwei Lebewesen oder zwei Eigenschaften; sie nimmt die Geschichte der Geschlechterdifferenz ernst. Und wer Differenz sagt, sagt nicht nur Unterschied, sondern auch Widerstreit. Die Geschlechterdifferenz läßt sich nicht denken, ohne daß man den Konflikt, den Widerstreit zwischen den Geschlechtern denkt. (*Geschlechterdifferenz:* 130)

Im Unterschied zu den französischen wollen die amerikanischen feministischen Philosophinnen das Denken von

Differenz ganz von ›der Natur‹ ablösen, da sie davon ausgehen, daß auch ›die Natur‹ nicht etwas Unhintergehbares, dem Diskurs Vorgegebenes ist, sondern ein durch Diskurse Erzeugtes. Selbst das durch das Wort *sex* bedeutete biologische Geschlecht wäre danach ein kulturelles Konstrukt, das die an den Körpern wahrnehmbare anatomische Verschiedenheit immer schon aus androzentristischer Perspektive definiert. Wenn aber das mit *sex* Gemeinte, so JUDITH BUTLER, sich ebenfalls als ein Konstrukt aus der Gender-Perspektive erweist und keineswegs eine bloße Naturbeschreibung beinhaltet, dann läßt sich der Unterschied zwischen *sex* und *gender* nicht mehr aufrechterhalten.

Diese radikale Spaltung des geschlechtlich bestimmten Subjekts [in *sex* qua anatomisches Geschlecht und *gender* qua kulturelle Geschlechtsrollenidentität] wirft freilich eine Reihe von Fragen auf: Können wir noch von einem »gegebenen« Geschlecht oder von einer »gegebenen« Geschlechtsidentität sprechen, ohne wenigstens zu untersuchen, *wie,* d.h. durch welche Mittel, das Geschlecht und/oder die Geschlechtsidentität« gegeben sind? Und was bedeutet der Begriff »Geschlecht« *(sex)* überhaupt? Handelt es sich um eine natürliche, anatomische, durch Hormone oder Chromosomen bedingte Tatsache? Wie muß eine feministische Kritik jene wissenschaftlichen Diskurse beurteilen, die solche »Tatsachen« für uns nachweisen sollen? Hat das Geschlecht eine Geschichte? Oder hat jedes Geschlecht eine andere Geschichte (bzw. andere Geschichten)? Gibt es eine Geschichte, wie diese Dualität der Geschlechter errichtet wurde, eine Genealogie, die die binären Optionen möglicherweise als veränderbare Konstruktion offenbart? Werden die angeblich natürlichen Sachverhalte des Geschlechts nicht in Wirklichkeit diskursiv produziert, nämlich durch verschiedene wissenschaftliche Diskurse, die im Dienste anderer politischer und gesellschaftlicher Interessen stehen? [...] Wenn also das »Geschlecht« *(sex)* selbst eine kulturell generierte Geschlechter-Kategorie *(gendered category)* ist, wäre es sinnlos, die Geschlechtsidentität *(gender)* als kulturelle Interpretation des Geschlechts zu bestimmen. (*Unbehagen:* 23f.)

Für BUTLER sind letztlich alle Geschlechtsbestimmungen performativ erzeugt, in Diskursen generiert, deren Netzwerk die sprechenden Subjekte enteignet, da sie genötigt sind, im Sprechen auf normative Vorgaben Bezug zu nehmen, die sie nicht selbst gewählt haben, aber für ihre Selbst(ent)äußerung übernehmen müssen:

> In dem Maße, wie das Benennen des »Mädchens« transitiv ist, das heißt den Prozeß initiiert, mit dem ein bestimmtes »Zum-Mädchen-Werden« erzwungen wird, regiert der Begriff oder vielmehr dessen symbolische Macht die Formierung einer körperlich gesetzten Weiblichkeit, die die Norm niemals ganz erreicht. Dabei handelt es sich jedoch um ein »Mädchen«, das gezwungen wird, die Norm zu »zitieren«, um sich als lebensfähiges Subjekt zu qualifizieren und ein solches zu bleiben. Weiblichkeit ist deshalb nicht das Ergebnis einer Wahl, sondern das zwangsweise Zitieren einer Norm, einer Norm, deren komplizierte Geschichtlichkeit untrennbar ist von den Verhältnissen der Disziplin, der Regulierung, des Strafens. Tatsächlich gibt es kein »jemand«, die oder der eine geschlechtliche Norm aufnimmt. Diese Zitierung der geschlechtlichen Norm ist vielmehr notwendig, um sich als ein »jemand« zu qualifizieren, um als ein »jemand« lebensfähig zu werden, wobei die Subjektbildung abhängig ist von dem früheren Vorgang der Legitimierung geschlechtlicher Normen.« (*Körper von Gewicht:* 306)

Der Streit um Differenz geht weiter. Auch BUTLERS These der Performativität jeglicher Praxis wurde kritisch in Frage gestellt. So hat SEYLA BENHABIB dagegen eingewendet, daß ein solcher postmoderner Feminismus keine Gesellschaftskritik mehr zulasse, insofern er die bestehenden Machtstrukturen nur aufdecke, ohne sie hinterfragen, geschweige denn verändern zu können, da es keinen normativen Standpunkt »außerhalb der Stadtmauern« mehr gebe, von wo aus neue utopische Konzepte zur Verbesserung des Status quo entwickelt werden könnten. (*Feminismus und Postmoderne:* 25 f.) Dagegen wendet BUTLER ein, »daß die Macht sogar den Begriffsapparat, der versucht, über die Macht zu verhandeln, durchdringt« (*Kontingente Grundlagen:* 36), so daß auch das kritische Subjekt letztlich den Strukturen unterworfen ist, gegen die es sich gerade wendet. Für sie ist das Subjekt immer schon konstituiert, was aber nicht bedeutet, daß es dadurch determiniert sei. (Ebd. 44) Feministische Kritik ziele auf die Dekonstruktion der Begriffe, durch die die bestehenden (Zwangs-)Verhältnisse erzeugt wurden, und eröffnet damit einen Freiraum für die Konstitution von Lebensformen, die nicht durch das Gewaltprinzip fundiert sind. Entsprechend träumt DRUCILLA CORNELL von einer neuen Choreographie der sexuellen Differenz,

> in der weiblicher Sexualität von der Hierarchie der Gender keine Gewalt angetan wird und in der die Existenz menschlicher Wesen als geschlechtlicher Wesen, die sexuell verschieden sind, nicht verleugnet wird. [...] Das Unrecht der Diskriminierung liegt in der Auferlegung rigider Gender-Identitäten auf sexuelle Wesen, die niemals durch irgendeine starre Definition von Gender-Identität angemessen eingefangen werden können. (*Gender, Geschlecht*: 91, 96)

Die Befreiung von Stereotypen – wie z. B. der sog. »Mammi-Schiene« (ebd. 98) – ist nach CORNELL die Voraussetzung für *gleichwertige* anstatt *gleicher* Rechte, denn Gleichwertigkeit erkennt Differenz an, ohne von vornherein alles über einen (den männlichen) Leisten zu schlagen. (Ebd. 100)

Die Gender-Perspektive hat nicht nur Ungerechtigkeiten und Verzerrungen durch Machtinteressen zutage gefördert, sondern auch den Frauen einen Horizont eröffnet, in welchem sie für sich selbst Muße beanspruchen können, um abseits von vorgegebenen unflexiblen Denkschablonen eine Sprache zu finden, mit deren Hilfe sie ihr ureigenstes Selbstverständnis unverstellt erfassen und in einen Geschlechterdiskurs einbringen können, der Freiheit als ein Individualrecht hochhält.

Nachwort

Für die Spinne ist die Spinne das vollkommenste Wesen;
für den Metaphysiker ist Gott ein Metaphysiker: das heißt,
er spinnt ... (FRIEDRICH NIETZSCHE, *Nachlaß*: 13, 505)

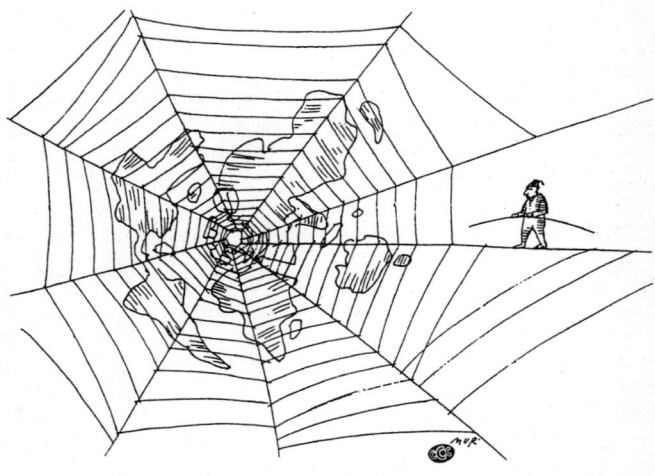

Luis Murschetz, Cartoon-Caricature-Contor München

Der Mensch ist ein Seil, geknüpft zwischen Thier und
Übermensch, – ein Seil über einem Abgrunde. Ein gefährliches Hinüber, ein gefährliches Auf-dem-Wege, ein gefährliches Zurückblicken, ein gefährliches Schaudern und Ste-
henbleiben. (FRIEDRICH NIETZSCHE, *Z:* KSA 4, 16)

Bibliographie

Adorno, T. W.: Negative Dialektik, Frankfurt am Main 1966
Anselm von Canterbury: Proslogion, lat.-deutsch, Stuttgart-Bad Cannstatt 1984
Arendt, H.: Vita activa oder Vom tätigen Leben, München 1985
Aristoteles: De anima – Über die Seele, Jena 1924
  –: Kategorien / Lehre vom Satz, Hamburg 1962
  –: Metaphysik, griechisch-deutsch, 2 Bde., Hamburg 1982
  –: Nikomachische Ethik, München 1972
  –: Physik, griechisch-deutsch, 2 Bde., Hamburg 1987
  –: Politik, Hamburg 1981
Augustinus, A.: Bekenntnisse, Stuttgart 1993
  –: Vom Gottesstaat, 2 Bde., München 1985
Austin, J. L.: Zur Theorie der Sprechakte, Stuttgart 1972

Bacon, F.: Neu-Atlantis, in: Der utopische Staat, hrsg. von K. J. Heinisch, Reinbek 1960, S. 171–215
Barthes, R.: Die Lust am Text, Frankfurt am Main 1974
Beauvoir, S. de: Das andere Geschlecht. Sitte und Sexus der Frau, Reinbek 1992
Beck, L. W.: Akteur und Betrachter. Zur Grundlegung der Handlungstheorie, Freiburg/München 1976
Benhabib, S.: Feminismus und Postmoderne. Ein prekäres Bündnis, in: Der Streit um Differenz. Feminismus und Postmoderne in der Gegenwart, Frankfurt am Main 1993
  –: Der verallgemeinerte und der konkrete Andere. Ansätze zu einer feministischen Moraltheorie, in: Denkverhältnisse. Feminismus und Kritik, hrsg. von E. List und H. Studer, Frankfurt am Main 1989, S. 454–487
Burke, E.: Philosophische Untersuchung über den Ursprung unserer Ideen vom Erhabenen und Schönen, in: Was das Schöne sei, hrsg. von M. Hauskeller, München 1994, S. 181–208
Butler, J.: Kontingente Grundlagen: Der Feminismus und die Frage der »Postmoderne«, in: Der Streit um Differenz. Feminismus und Postmoderne in der Gegenwart, Frankfurt a. M. 1993, S. 31–58
  –: Körper von Gewicht. Die diskursiven Grenzen des Geschlechts, Berlin 1995
  –: Das Unbehagen der Geschlechter, Frankfurt am Main 1991

183

Campanella, T.: Sonnenstaat, in: Der utopische Staat, hrsg. von K. J. Heinisch, Reinbek 1960, S. 111–169

Camus, A.: Der Mythos von Sisyphos. Ein Versuch über das Absurde, Hamburg 1959

Comte, A.: Die Soziologie, Stuttgart 1974

Cornell, D.: Gender, Geschlecht und gleichwertige Rechte, in: Der Streit um Differenz. Feminismus und Postmoderne in der Gegenwart, Frankfurt am Main 1993, S. 80–104

Davies, P.: Prinzip Chaos. Die neue Ordnung des Kosmos, München 1990

Deleuze, G.: Differenz und Wiederholung, München 1992

Deleuze, G. / Guattari, F.: Tausend Plateaus, Frankfurt am Main 1995

–: Was ist Philosophie?, Frankfurt am Main 1996

Derrida, J.: Choreographies, in: The Ear of the Other, Lincoln 1975, S. 170ff.

–: Die différance, in: Postmoderne und Dekonstruktion, hrsg. von P. Engelmann, Stuttgart 1993, S. 76–113

–: Grammatologie, Frankfurt am Main 1983

–: Die Schrift und die Differenz, Frankfurt am Main 1976

Descartes, R.: Die Prinzipien der Philosophie, Hamburg 1955

–: Discours de la Méthode – Von der Methode des richtigen Vernunftgebrauchs, französisch-deutsch, Hamburg 1960

–: Meditationen über die Grundlagen der Philosophie, lat.-deutsch, Hamburg 1959

– Über den Menschen, Heidelberg 1969 (Traité de l'homme, in: Œuvres, hrsg. von C. Adam / P. Tannery, Bd. 11, Paris 1909, S. 119–215)

Dieterici, F. H.: Der Streit zwischen Mensch und Tier, Berlin 1858

Ditto, W. L. / Pecora, L. M.: Das Chaos meistern, in: Spektrum der Wissenschaft 11 (1993)

Epikuros: in: Diogenes Laertius: Leben und Meinungen berühmter Philosophen, 10. Buch, Hamburg 1967, S. 223–295

Erasmus von Rotterdam: De libero arbitrio – Gespräch über den freien Willen, in: Ausgewählte Schriften, lat.-deutsch, Bd. 4, Darmstadt 1969

Feuerbach, L.: Das Wesen des Christentums, Stuttgart 1994

Feyerabend, P.: Wider den Methodenzwang. Skizze einer anarchistischen Erkenntnistheorie, Frankfurt am Main 1981

Fichte, J. G.: Erste und zweite Einleitung in die Wissenschafts-
lehre, Hamburg 1967
–: Versuch einer neuen Darstellung der Wissenschaftslehre
(1797/98), Hamburg 1975
Foucault, M.: Die Ordnung der Dinge, Frankfurt am Main 1974
–: Die Ordnung des Diskurses, Frankfurt am Main 1977
–: Sexualität und Wahrheit, 3 Bde., Frankfurt am Main 1977–86
(Der Wille zum Wissen: Bd. 1; Der Gebrauch der Lüste: Bd. 2;
Die Sorge um sich: Bd. 3)
Fraisse, G.: Geschlechterdifferenz, Tübingen 1996
Freud, S.: Gesammelte Werke, 18 Bde., Frankfurt am Main 1944
Totem und Tabu: Bd. 9
Das Unbehagen in der Kultur: Bd. 14
Friedman, M.: Jenseits von Fürsorglichkeit: Die Ent-Moralisie-
rung der Geschlechter, in: Jenseits der Geschlechtermoral.
Beiträge zur feministischen Ethik, hrsg. von H. Nagl-Docekal
und H. Pauer-Studer, Frankfurt am Main 1993, S. 241 bis
265

Gehlen, A.: Der Mensch. Seine Natur und Stellung in der Welt,
Wiesbaden 1976
Gilligan, C.: Die andere Stimme. Lebenskonflikte und Moral der
Frau, München/Zürich 1990
–: Moralische Orientierung und moralische Entwicklung, in:
Weibliche Moral. Die Kontroverse um eine geschlechtsspezi-
fische Ethik, hrsg. von G. Nunner-Winkler, Frankfurt am Main
1991, S. 79–100

Habermas, J.: Theorie des kommunikativen Handelns, 2 Bde.,
Frankfurt am Main 1981
–: Wahrheitstheorien, in: Wirklichkeit und Reflexion. Festschrift
für W. Schulz, Pfullingen 1973, S. 211–265
Harding, S.: Das Geschlecht des Wissens. Frauen denken die Wis-
senschaft neu, Frankfurt am Main 1994
Hegel, G. W. F.: Werke in 20 Bänden. Theorie Werkausgabe,
Frankfurt am Main 1970
Enzyklopädie der philosophischen Wissenschaften: Bde. 8–10
Grundlinien der Philosophie des Rechts: Bd. 7
Phänomenologie des Geistes: Bd. 3
Vorlesungen über die Ästhetik: Bd. 13–15
Vorlesungen über die Geschichte der Philosophie: Bde. 18–20
Wissenschaft der Logik: Bde. 5–6

Heidegger, M.: Sein und Zeit, Tübingen 1963
  –: Vom Wesen der Wahrheit, in: Wegmarken, Frankfurt am Main 1978, S. 175–199
Herder, J. G.: Ideen zur Philosophie der Geschichte der Menschheit, in: Sämtliche Werke, 33 Bde., hrsg. von B. Suphan, Berlin 1877–1913, Bde. 13–14
Holbach, P. H. T. de: System der Natur oder von den Gesetzen der physischen und moralischen Welt, Frankfurt am Main 1978
Horkheimer, M.: Zur Kritik der instrumentellen Vernunft, Frankfurt am Main 1985
Hume, D.: Eine Untersuchung über den menschlichen Verstand, Hamburg 1984
Husserl, F.: Husserliana, Den Haag 1950ff.
Huxley, A.: Schöne neue Welt, Frankfurt am Main 1978

Irigaray, L.: Genealogie der Geschlechter, Freiburg 1989

Jaspers, K.: Der philosophische Glaube angesichts der Offenbarung, München/Zürich 1984
  –: Vernunft und Existenz, München 1960
  –: Das Wagnis der Freiheit, in: Gesammelte Aufsätze zur Philosophie, München/Zürich 1996

Kant, Immanuel: Gesammelte Schriften, hrsg. von der Preussischen Akademie der Wissenschaften, Berlin 1900–1955 (= AA)
  Anthropologie: Bd. 7
  Grundlegung zur Metaphysik der Sitten: Bd. 4
  Idee zu einer allgemeinen Geschichte: Bd. 8
  Kritik der praktischen Vernunft (= KpV): Bd. 5
  Kritik der reinen Vernunft (= KrV): A = 1. Auflage (1781); B = 2. Auflage (1787): Bd. 3
  Kritik der Urteilskraft (= KU): Bd. 5
  Erste Einleitung in die KU, Hamburg 1977
  Logik: Bd. 9
  Opus postumum: Bde. 21–22
  Prolegomena: Bd. 4
  Über Pädagogik: Bd. 9
Kierkegaard, S.: Abschließende unwissenschaftliche Nachschrift (= UN), 2 Bde., Düsseldorf/Köln 1957–58
  –: Die Krankheit zum Tode, Düsseldorf/Köln 1957
  –: Entweder-Oder (= E/O), 2 Bde., Düsseldorf/Köln 1964/67
  –: Philosophische Brocken, Düsseldorf/Köln 1960

Krings, H.: Meditation des Denkens, München 1956
Kuhn, T. S.: Die Struktur wissenschaftlicher Revolutionen. Frankfurt am Main 1976

Leibniz, G. W.: Vernunftprinzipien der Natur und der Gnade – Monadologie, Hamburg 1982
Lévinas, E.: Die Spur des Anderen. Untersuchungen zur Phänomenologie und Sozialphilosophie, Freiburg/München 1987
    –: Totalität und Unendlichkeit. Versuch über die Exteriorität, Freiburg/München 1987
    –: Wenn Gott ins Denken einfällt. Diskurse über die Betroffenheit von Transzendenz, Freiburg/München 1988
Luhmann, N. / J. Habermas: Theorie der Gesellschaft oder Sozialtechnologie, Frankfurt am Main 1971
Luther, M.: Werke. Kritische Gesamtausgabe, Halle 1893/94
    –: De servo arbitrio – Vom unfreien Willen, in: Luther, Deutsch, hrsg. von K. Alard, 1983
Lyotard, J.-F.: Beantwortung der Frage: Was ist postmodern?, in: Postmoderne und Dekonstruktion, hrsg. von P. Engelmann, Stuttgart 1993, S. 33–48

MacKinnon, C.: Feminism Unmodified: Discourses of Life and Law, Cambridge/Mass. 1987
Marcuse, H.: Der eindimensionale Mensch, Neuwied 1964
    –: Triebstruktur und Gesellschaft. Ein philosophischer Beitrag zu Sigmund Freud, Frankfurt am Main 1970
Marx, K.: Karl Marx/Friedrich Engels, Werke, hrsg. vom Institut für Marxismus-Leninismus beim ZK der SED, Berlin 1956 bis 1968   (= MEW); Ergänzungsbände (= EB)
    Das Kapital: Bde. 23–25
    Dialektik der Natur: Bd. 20
    Ökonomisch-philosophische Manuskripte: EB 1
    Thesen über Feuerbach: Bd. 3
Mettrie, J. O. de la: Der Mensch als Maschine, Nürnberg 1985
Mill, J. S.: Der Utilitarismus, Stuttgart 1976
Minsky, M.: Mentopolis, Stuttgart 1990
Mittelstaedt, W.: Zukunftsgestaltung und Chaostheorie: Grundlagen einer neuen Zukunftsgestaltung unter Einbeziehung der Chaostheorie, Frankfurt am Main 1993
Moebius, J. P.: Über den physiologischen Schwachsinn des Weibes, Halle 1905

Moore, G. E.: Grundprobleme der Ethik, München 1975
–: Principia ethica, Stuttgart 1970
Morus, T.: Utopia, in: Der utopische Staat, hrsg. von K. J. Heinisch, Reinbek 1960, S. 7–110

Nagel, T.: Was bedeutet das alles?, Stuttgart 1994
Nietzsche, F.: Sämtliche Werke. Kritische Studienausgabe (= KSA), 14 Bde., Berlin 1980
Also sprach Zarathustra (= Z): Bd. 4
Der Antichrist: Bd. 6
Die Geburt der Tragödie: Bd. 1
Die fröhliche Wissenschaft: Bd. 3
Ecce homo: Bd. 6
Jenseits von Gut und Böse: Bd. 5
Nachgelassene Fragmente: Bde. 7–13
Ueber Wahrheit und Lüge im aussermoralischen Sinne: Bd. 1
Novalis: Schriften, hrsg. von L. Tieck und F. Schlegel, Bd. 2, Berlin 1802

Pascal, B.: Gedanken über die Religion, Birsfelden/Basel o. J.
Peirce, C. S.: Schriften zum Pragmatismus und Pragmatizismus, hrsg. von K.-O. Apel, Frankfurt am Main 1976
Platon: Sämtliche Werke, 6 Bde., Hamburg 1958–60
Kritias: Bd. 5
Menon: Bd. 2
Nomoi: Bd. 6
Phaidon: Bd. 3
Phaidros: Bd. 4
Politeia: Bd. 3
Symposion: Bd. 2
Theaitetos: Bd. 4
Timaios: Bd. 5
Popper, K.: Logik der Forschung, Tübingen 1982

Rawls, J.: Eine Theorie der Gerechtigkeit, Frankfurt am Main 1975
Rosenkranz, K.: Ästhetik des Häßlichen, in: Was das Schöne sei, hrsg. von M. Hauskeller, München 1994, S. 333–346
Ryle, G.: Der Begriff des Geistes, Stuttgart 1969

Samjatin, J.: Wir, Köln 1984
Sartre, J.-P.: Ist der Existentialismus ein Humanismus?, in: Drei Essays, Frankfurt am Main 1983

Schelling, F. W. J.: Sämmtliche Werke, 14 Bde., hrsg. von K. F. A. Schelling, Stuttgart/Augsburg 1856–61
    Philosophische Briefe über Dogmatismus und Kriticismus: Bd. I, 1 (auch in: Historisch-kritische Ausgabe der Bayerischen Akademie der Wissenschaften: Bd. I, 3, Stuttgart 1982)
    –: Einleitung zu seinem Entwurf eines Systems der Naturphilosophie (= Entwurf), Stuttgart 1988
    –: Die Weltalter: Bd. I, 8
Schiller, F.: Kallias oder über die Schönheit. Briefe an Gottfried Körner, in: Was das Schöne sei, hrsg. von M. Hauskeller, München 1994, S. 254–283
    –: Über die ästhetische Erziehung des Menschen, Stuttgart 1975
Schopenhauer, A.: Die Welt als Wille und Vorstellung, in: Sämtliche Werke, 5 Bde., hrsg. von W. von Löhneysen, Bde. 1 und 2, Darmstadt 1968
Searle, J. R.: Geist, Gehirn und Wissenschaft, Frankfurt am Main 1986
Sextus Empiricus: Grundriß der pyrrhonischen Skepsis, Frankfurt am Main 1985
Skinner, B. F.: Jenseits von Freiheit und Würde, Hamburg 1973
Spinoza, B. de: Abhandlung vom Staate, zus. mit: Abhandlung über die Verbesserung des Verstandes, Hamburg 1977, S. 53–181
    –: Ethik nach geometrischer Methode dargestellt, Hamburg 1955
    –: Theologisch-politischer Traktat, Hamburg 1976

Tarski, A.: Grundlegung der wissenschaftlichen Semantik, in: Logik-Texte, hrsg. von K. Berka und L. Kreiser, Berlin 1971, S. 350–356
Thomas von Aquin: Die Gottesbeweise in der »Summe gegen die Heiden« und der »Summe der Theologie«, lat.-deutsch, Hamburg 1986
    –: Von der Wahrheit – De veritate, Quaestio I, lat.-deutsch, Hamburg 1986

Die Vorsokratiker, griechisch-deutsch, hrsg. nach Diels-Kranz (= DK) von J. Mansfeld, Stuttgart 1987

Wells, H. G.: Die Zeitmaschine, Zürich 1974
Wildenbruch, E.: Die Karolinger, Berlin 1895
Wittgenstein, L.: Tractatus logico-philosophicus. Logisch-philosophische Abhandlung, Frankfurt am Main 1969
    –: Philosophische Untersuchungen, Frankfurt am Main 1967

Philosophen beschimpfen Philosophen

Die kategorische Impertinenz seit Kant

Herausgegeben von Steffen Dietzsch
Originalausgabe
135 Seiten. RBL 1542. 16,– DM
ISBN 3-379-01542-3

Insgeheim ist diese Sammlung von Fragmenten eine etwas andere Einführung in die Philosophie. Denn die bösen Enthüllungen über den Beschimpften entstellen auch den Schimpfenden bisweilen bis zur Kenntlichkeit. Das ›Pathos der Distanz‹, mit dem uns Philosophen gewöhnlich begegnen und mit dem wir uns gewöhnlich auch die Philosophie vom Leibe halten, wird hier unterlaufen – und wir erkennen Philosophen durchaus als unsereins. Und so können wir insgesamt unsere Freude haben an dieser fröhlichen Selbstkritik der phiosophierenden Vernunft.

Der Herausgeber – ein nomadisierender Philosoph – hat Textstücke aus den letzten zwei Jahrhunderten versammelt. Wir begegnen vertrauten Bosheiten, aber es werden auch längst verschollene Schlechtigkeiten aus dem Schlaf der Vernunft geschreckt.